無責任の新体系

——きみはウーティスと言わねばならない

荒木優太

晶文社

ブックデザイン　鈴木成一デザイン室

序　ウーティスという責任

インターネットは実名で

荒木優太。この本の著者の名前だ。ペンネームも決して珍しくないこの業界で、実名で通すことに十分な考えがあったわけではない。単なる惰性で、新しい名を考えるのが面倒で、その場のなりゆきに従っただけだ。

けれども、インターネットでは事情が異なる。ＳＮＳは意志的にすべて実名で運用しているし、それ以上に、ある時期以降からできる限り自分の顔が確認できるものをアイコン画像に選ぶようにしている。ながらく掲示板のようなスレッド型投稿サイトが力をもっていた日本のネット文化ではあるが、記名なしの流儀に大きな抵抗感を感じていたのはきっと私だけではないだろう。

ネットで発言するならば必ず自分の名において。そうだ、言葉は名前とともにあらねばならない。学校で習った通り、自分の持ち物にはきちんと名前を書きましょう。なぜならば、特定の発話者から離れてしまう言葉は、往々にして無責任なものになってしまうから。自分のものと囲い込めない言葉は、すぐさま、みんなの言葉にまぎれていく。そのことを予感してしまった瞬間、言葉が軽くなって、どんな主題についてどんな場面でも、足りないよりも過ぎた方がよい、という誘惑が始まる。市井のコメンテーターのできあがりだ。彼らは、過ぎたるは猶及ばざるが如し、ということわざを知らない。

我を使い果たせ。重みを失った言葉が命じる言葉。言葉の言葉。匿名の言葉を回避せねばならないのは、自分の意志を代行するようにみえた言葉が、いつのまにか主導権を握って、発言者を使い倒す主人として還ってきてしまうからだ。言葉の軽さが私を屈服させる。軽さで私を操縦する。いつの間にか言葉の奴隷になっている。だから言葉には手綱が必要なのだ。自分がほかならぬ自分であるために。

責任アピール

名前は言葉の重石である。けれども、ふと思うことがある。匿名的な文化が横にあることを知っていながらなお実名や実写を用いることには、匿名の蔭に隠れる卑怯と同じくらいの、或いはそれ以上の、いやらしさと屈辱があるのではないか。

実名で発言し、歴代操ってきた意見をあますことなく身につけるとき、さらには己の実名性でもって匿名の卑怯と矮小を非難するとき、言葉は自分を飾る倫理のアクセサリーとなって、責任ある自分をアピールする道具になりさがる。ほら、こんなに一貫したことを言ってきたんだ。ほら、こんなに責任感があるんだよ。言葉の数々が責任感ある自分を強化するための武装品として装備される。政治家が選挙のさいに、責任を果たさせて下さい、と訴えるその背後には単なる権力欲だけがある。

言葉に支配されずにすんだはいいが、今度は責任に支配される。もっといえば責任あるヒロイックな自画像を褒めたたえてくれる有象無象の他者に支配される。評判を当てにして責任を追い求めるとき、今度は責任の奴隷になっている。

言葉の奴隷になるくらいならば、責任に酔っぱらっているナルシスの方がずっといい？勿論、そういう考え方もあるだろう。ところで、あなたは『オデュッセイア』を読んだことがあるだろうか？

作戦名：ウーティス

ホメロス『オデュッセイア』第九歌。トロイア戦争凱旋のおり、船が難破して遭難してしまい、なんとか故郷に還らんとする英雄《ヒーロー》オデュッセウスは、その帰路でキュクロプスたちに囚われる。

キュクロプス、英語読みすればサイクロプス（Cyclops）とは、一つ目の巨大な怪物のことである。凶暴な性格で、棲処の洞窟に入ったオデュッセウス一行を閉じ込め、二人の部下を地面に叩きつけて殺し、それをばらばらに千切ってがつがつと食らう残忍さをそなえている。そんな光景に畏怖したオデュッセウス一行は、それでも、隙をみて見張りのキュクロプスを言葉巧みに騙し、酒で酔わせ、ついには丸太でその目を潰す。

肝心なのは怪物退治で用いたオデュッセウスの作戦である。「お前の名前をいってみよ」というキュクロプスの問いに、オデュッセウスはそのとき「ウーティス outis」、つまりは「誰でもない nobody」と返答する。めしいた見張りの悲鳴を聞きつけ、仲間の怪物たちが集まり、報復のため犯人の名を問いただすが、見張りが答えるに、「誰でもない」。誰でもないのだから、仕返しのしようがない。こうして、オデュッセウスたちの脱出がまんまと成功し、船に乗り込んだ英雄は陸の怪物に向かって己の真の名を高らかに宣言する。

偽名を用いること、しかも、ほとんど名の体裁をもたないような名を名乗ること。つまりは、匿名になること。英雄のイメージとは程遠い、この姑息な作戦は、しかし、現代に生きる私たちにとっても決して無縁のものではない。

仕事で大きなミスをしたとき、上司から《誰がやったのか?》とその帰責を問われる。誰も傷つかない唯一の答え方は、誰かがやりました(誰がやったのか分かりません)、であり、その先に待っているのは、誰もがやりました(みんなの責任です)、のすり替えだ。「誰」が特定できないならば、責任は拡散して、ある集団のメンバーが小さくその責めを分担することになる。責任のシェアリング、これを古い言葉で連帯責任という。

責任のインフレ

このような責任の論法は、一見、無責任以外のなにものでもない卑怯者の論理にみえる。けれども、実のところ、ある前提に基づけば、相応の理路がないわけではない。

北田暁大は『責任と正義』のなかで、「強い」責任理論を紹介している。この理論では、行為の動機(どういう目的でそれをやったのか?)ではなく行為の結果(なにを起こしたのか?)に照準して評価が下る。それ故、「強い」責任論では、意図せざる行為にも責任が生じることになる。

たとえば、企業の工場排水によって河川の水質が悪化し、その河で育った魚を食べた近隣住民が死んでしまった場合、「強い」理論では、殺人の意図をもたなかったとしても、死という結果がある以上、企業はその責任を負わなければならない。

けれども、強さが突きつける厳しさは、同時に責任の雲散霧消にも通じている。というのも、行為と結果の因果関係の確定はそれを読み解く解釈者に開かれており、その責任の帰属先は潜在的には無限に数えることができるからだ。

企業は確かに近隣住民を意図なく殺した。では、なぜ企業が化学物質を河川に垂れ流したかといえば、権威ある科学者が無害であることに太鼓判を押したからかもしれない。では、なぜ、太鼓判を押したかといえば、有力な政治家がいくつかの数値に目をつむるよう強権的に命令したためかもしれない。では、なぜ、命令したかというと自由な企業活動を推し進めて景気を回復させよ、という地元の支援者の声に逆らえなかったからかもしれない。では、なぜ……。

例示はもういいだろう。なにが言いたいかといえば、動機に求められない行為（の主体）を確定する解釈の自由さは、同時に責任の拡散を引き起こし、責任が誰にでもあるがために誰も責任をとらない、北田のいう「責任のインフレ」をもたらしてしまう。インフレーションを起こした責任は、もはや責任の用をなさないばかりか、吹っかけられた理不尽な因縁に理論的な後ろ盾を与えてしまう最悪の倫理と化す。驚くべきことに、「強い」責任論では「魔女狩りを禁じえない」のだ。

反転する責任論

風が吹けば桶屋が儲かる。桶屋の好景気は風のせいである。その気になれば、仕事のミスも、銀行強盗も、特定人種の大量殺戮も、すべて風に帰属させることができるだろう。無論、それは過失の風化（＝忘却）と大差ない。ああ、時代が悪かったのだ！

だからこそ、ウーティスの作戦は、特定集団という枠さえも取っ払うほど徹底化されたとき、凡ミスの責任を人類でシェアーし、全生命体でシェアーし、地球でシェアーし、宇宙でシェアーする責任の体系を繰り広げることになる。連帯責任は宇宙と連帯しなければならない。当然、そのような詭弁を私たちは無責任と呼ぶ。厳格で強力な責任の理論が、いつの間にか無責任に反転してしまう。この急所を見逃してはならない。

誰にでも責任があるが故に誰もが決定的な責任主体ではない。この状態を丸山眞男は、

「無責任の体系」と呼んだ。名著としてよく知られた『日本の思想』のなかで、丸山は日本の「國體」や「天皇制」に準拠した責任の考え方が、西洋からみて特殊であると指摘している。

一九二三（大正一二）年末、社会主義思想をもっていた青年が皇太子（のちの昭和天皇）を狙撃した虎ノ門事件が起こる。この事件の後始末として、内閣は総辞職し、警視総監や警務部長も懲戒免官された。また、衆議院議員だった犯人の父親、犯人の卒業した小学校の校長までもが辞職する事態に至った。

冷静に考えてみれば、警視総監や校長が犯行を事前に防げるはずもないのだから、このような処分は不当であるようにみえる。けれども、「國體」や「天皇制」という、実体の掴めない支配、支配者なき支配は、まるで空気感染するように責任を伝播させていく。当日の警官の配置に問題があったのでは？　犯人の教育に問題があったのでは？　問いのリミットを見失った結果、責任を「無限責任」に変質させてしまう。

けれども、一見「強い」ように見えるこの「無限責任」は、原理的にいえば免責の根拠を容易に調達できる「巨大な無責任への転落の可能性をつねに内包している」。

重要タームとして「無責任の体系」が最初に用いられた初期論文「軍国支配者の精神形

態」では、一九三一年の日本において、軍事政権樹立を企てて軍内部でクーデター未遂が起きるも、その首謀者たちが処分されずに終わった「下剋上」事件のなかに、丸山は同様の「無責任」を認めている。

本来ならばデモクラティックな手続きを経ることで却って政治的指導性（正統性）が得られるはずなのに、そのようなものには目もくれず、首謀者は世論の好戦的高揚を後ろ盾にして権力を我が物にしようとする。みんなが望んでいるからやってるだけなんだ、というわけだ。「下剋上とは畢竟匿名の無責任な力の非合理的爆発」である。「威信」が気になって、そのような無法者たちを自分の裁量でいさぎよく処分することができない上官も結局この「爆発」に屈している。

要するに、「無限責任」は、みんな悪かった、の無責任と表裏一体なのだ。

無責任の条件

オデュッセウスが用いたウーティスの作戦は、こうして、「無責任の体系」という日本的連帯責任観のなかにもこだましている。けれども、では、この「誰でもない」を断罪して、明確な責任主体――この私がケツを拭く!――を立ち上げれば、それで問題は解決するのだろうか。

責任者の名を明記せよ? 少なくとも、丸山や彼に共鳴する多くの責任論者は、その道筋を選んだように思われる。実際、農作物生産者の名前が明示されているスーパーマーケットでの光景が日常化したこの社会にあって、責任者を明記する方策は、有責性の宛先を実感させる身近な方法だ。

ただし、汚染された排水を流した企業だけが悪い、と断言することに躊躇が生じるように、むしろ、明記から生じるのは、拡散した責任を一つの名に収束させるに伴って、悪の枢軸役を恣意的な「誰」に押しつけて排除して事足れりとする、スケープゴート化なのではないか。そこで温存されているのは、責任主体をでっち上げることで無責任の領域を確保しようとする、新たな体系なのではないか。オレたちはお上に騙されていたんだ! という言葉の無責任さよ。

考え方を変えてみよう。オデュッセウスは、ウーティスを名乗ったからこそ、キュクロプスを退治し、仲間の命を救うことができた。仮にそれがけち臭い行為だったとしても、名乗り方を少し変えただけで降りかかってくる災厄を回避できるのだとしたら、それは匿名性の無責任がもつ、一つの賢さなのではないか。

楜澤厚生『〈無人〉の誕生』は、ウーティスのエピソードに、ホメロス以前にもさかのぼれる、災いを回避するための否定辞的命名法や曖昧な名前を用いたトリックの民話的伝統があったことを紹介している。ならば、他者に対して過剰に実名を求めるとき、知らず知らずのうちに、ある時代や文化圏の作法を一方的に押しつけているだけなのかもしれない。

きっと私たちは無責任に居直ってもいい条件に関してあまりに無知すぎるのだ。無責任のもつ賢さがどこまで有効で、どんなときに失効して愚かさに転落してしまうのか。それが分からなければ、キュクロプスに勝つことはできない。「誰でもない」という匿名性がもつ、可能性とその限界を見極めること。「誰でもない」からこそ誰にでもできる小さなヒロイズムはここから始まる。

無責任の新体系＊目次

序　ウーティスという責任

第一章　日本の無責任

第二章　間の熟読者たち

第三章　ペルソナの逆説

第四章 演劇モデルを反駁す

第六章　正義と第三者

第七章　そしてヴェールへ

第八章　楽しいテクスト論

第一章
日本の無責任

世間と空気の無責任

丸山が「無責任の体系」を論じた初期論文では、軍事同盟を結んでいた戦前日本軍部とナチス・ドイツとの比較がなされている。丸山の見立てでは、責任の割り当てという観点にあっては、驚くなかれ、ナチスの方がひいでている。というのも、日本で政治権力を握る者は誰もがてんでばらばら、非計画的でおよそ秩序だった組織性が見出せないからだ。なにかにつけて天皇を言い訳に使い、場当たりで戦争に突入し、場当たりで負けていったようにしかみえない。行動の意味と結果を引き受けるヒトラーの方がずっと主体性をもっている。

日本の特殊性と無責任体制を結びつける論者は丸山だけではなかった。むしろ、言論の場においてはクリシェのように繰り返されている。

たとえば、阿部謹也は有名な『「世間」とは何か』のなかで、個人が確立されている西洋と違って、日本人は集団生活のなかで他人の顔色をうかがいながら自分を殺して擦り合わせをはかる「世間」で生きているのだと説いている。ある会社員が会社の不正を発見したとしても、すぐさまそれを公に告発することは好まれない。事前に内々の調整をはかるべし。ここには「わが国においては個人はどこまで自分の行動の責任をとる必要があるのか」という問題がある。

さかのぼれば、山本七平の『「空気」の研究』があった。そんな話を持ち出せる空気じゃありません、だとか、その場の空気では……、といったかたちで、日本では決定を必要とする場面において、個人の決断よりも場の「空気」が優位を得て、ひたすらこれに流されていく。しかも、そのウヤムヤな過程には合理的観点や科学的思考が入り込む隙がなく、個人の責任をことごとく免除していく。山本はやはり日本軍の戦争に関する計画性のなさから、この支配形態を考察している。

平野啓一郎の分人主義

なぜ、かくも日本と無責任は相性がいいのだろうか。

それはひとえに、個人という単位が成立しているかどうかに関係している。世間でも空気でも、集団から独立した個人が認められなければ、どんな責任も横滑りしていってしまう。だから、日本の無責任を嘆く論者の多くは、その裏面で、多くは西洋の伝統に結ばれている個人主義の復権（再輸入）を求めることになる。

この観点から、分人という最近の発想をよくよく考え直してみてもいいだろう。「分人dividual」とは、「個人individual」の変形概念であり、これ以上もう分割できないもの（in-dividual）としての自分を拒否し、個人は独立して存在しているのではなく複数のキャラクターやモードの複合によって成り立っている、という前提に基づいたフレキシブルな自我像である。

分人主義者の一人、小説家の平野啓一郎は『私とは何か』のなかで、他者とのコミュニケーションにおいて自分というものが自在に変容すること、たとえばクラスメイトに対する自分、両親に対する自分、恋人に対する自分……といった自分の複相に注目して、「本当の自分」という観念には実体がなく、存在しているのは分人だけだと主張する。

平野によれば、「本当の自分」の強要は西洋の一神教に由来しており、端から一神教と距離のあった日本人にとって分人の発想は決して不自然なものではない。

複数の自分を統べる「本当の自分」に囚われてしまうと、「自分探しの旅」で徒労を味わい、過剰な同一性への執着が翻ってアイデンティティ・クライシスを帰結させる。ならば、核への信仰など捨て、ポートフォリオを組むように分割された諸人格で「私」をリスクヘッジするべきなのではないか。「**他者を必要としない「本当の自分」というのは、人間を隔離する檻**である」。以上のことを平野は自身の書いてきた小説を自己解説しながら問題提起している。

分人の無責任？

このように主張する論者にとって、個人が犯した犯罪行為の責任はどのように果たされるべきなのか。その答え方は錯綜しているようにみえる。

赤ん坊は様々な他者と対面しながら「分人化」のなかで成長する。故に、成長した少年が殺人を犯したとしても、「**犯罪の責任の半分は、やはり社会の側にある**」と平野は指摘する。責任も分散化すべきである。なぜ半分なのか？　三分の一や五分の四でないのはなぜなのか？　という疑問は横におくとしても、決して理解できない理屈ではない。

ただ、次の頁を捲ると、この主張と矛盾するような文言に出会う。つまり、個人とは「（もうこれ以上）分けられない」ものであるが、「（もうこれ以上）」に注目するのなら、「**他者と**

は明確に分けられ」、「だからこそ、義務や責任の独立した主体とされ」る。よって、「罪を犯せば、それはやはりあなたがしたことで、他の人間は無関係である」と結論づけられる。

もし「分人化」の原動力が、孤独ではなく様々な他者とのコミュニケーションにあるのならば、個人の犯罪の責任を考量する上で「他の人間は無関係」とはいえないはずだ。逆に、「他の人間は無関係」な主体を設定してよいのならば、分人概念の背後にはやはり核となる「本当の自分」が鎮座していることを意味しているのではないか。平野の分人主義はこの困難を克服できていないようにみえる。

分人民主主義

もう一人の分人主義者、鈴木健はどうだったか。鈴木は『なめらかな社会とその敵』という書物のなかで、分人に基礎づけられた新しい「なめらかな」未来社会像を構想している。

たとえば、近代の選挙制度では個人に一人一票が与えられ、相応しいと思える候補者一人に投票を行う。しかし、分人を前提にした原理からすれば、その一人の単位を絶対視する必然性はなく、票の分割や他の投票者への委託といったかたちで意志の「なめらかな」多元性を認めなければならない。「強い個人」を前提にしない新しい民主主義、それが鈴木のいう「分人民主主義Divicracy」だ。

だからこそ鈴木が、冒頭部で第一に責任概念に言及していることは興味深い。鈴木は簡単に帰責対象を見出せないような、すべてがすべてに関係していて予測できないような帰結を与える複雑系の社会のなかで、責任なるものが、やはりスケープゴートとして働くフィクションであることを強調し、「責任をとらせようとすればするほど、誰も責任をとらなくてもよいような社会制度が生まれてしまう」逆説に注意を促している。

解決の道筋は、いさぎよくすべての責任を負うようなヒロイックな個人への期待を捨て、分人がそうであったように、「今まで負ってきた責任を分散化させることによって、国家や個人を楽にしてあげること」にある。「なめらか」とは、いままで壁のように自他を区別していた境界を透過性の高い膜に替えることで、我がことを世のこととして、世のことを我がことととして捉えようとするアイディアである。こうして「なめらかな社会」において所有の観念は、私有でもなく公有でもなく、共有へと交代していく。

故に、この本の「あとがき」にはユーモラスな一節が挟まれている。「本書の責任は著者の私にあるというのがよくある表現なのだが、どうも納得がいかない。ここで名前を挙げたみなさんも、挙げられなかった方々にも、本書の内容には少しずつ責任をもっていただこうと思う」。著作も共同作業の産物なのだ。

体系が反転する？

分人主義者は、「無責任の体系」の困難に突き当たっているようにみえる。平野の場合は、無責任に堕落する危険を素早く察知したためか、「義務や責任の独立した主体」を切り崩すことはせず、帰責先となる旧来からの近代的主体を保守的に温存している。だが、その振る舞いは、「分人」なるものが所詮はコミュニケーションの多元性を称揚するプロパガンダでしかなく、その多元を束ねることができる強力な自己なるものの幻想の強化に終わっている。

他方、鈴木は「無責任の体系」に対する危機感を明確に意識しつつ、逆に分人の発想が、独特の責任達成に通じている、と考えているようだ。

たとえば、鈴木が指摘するに「多くの日本人にとっては、政府とは責任を押しつけるべき対象の他人でしかない」。悪いことはなんでもかんでも政府が悪い。俗にいう、お任せ民主主義である。このような無責任な態度を転回させるためには、「私たちの政府なのだ」という自覚が必須で、この調達には、個人を標準とした間接民主主義の年一回の選挙などではなく、分人として日常的に細かに参加できる直接民主主義的な制度でその感覚を涵養せねばならない。

いわば、「無責任の体系」を分人的ネットワークを介して、責任の体系に反転させることに、鈴木の企図があるといえよう。しかし、依然としてその事態が、責任のインフレとの危うい背面で成立していることは注意する必要がある。つまり、分人は、他人が集うその場の空気を読むことにだけ必死で、自分の頭でよく考えもしないポピュリストに堕落し、あまつさえそれに居直る危険があるのではないか。みんながそうだったんだから仕方ないじゃないか！

丸山眞男vs赤木智弘

個人の単位を諦めて分人に居直ることで日本の無責任問題が解決するとは到底思えな

い。とはいえ、個人を復活させればそれで万事解決かといえば、なかなかどうして難しい。それは自己責任に付随する様々な厄介事を横目にしても明らかだ。

たとえば、海外で日本人がテロリスト集団の人質になると、決まって話題になるのが自己責任論だ。彼らは危険な場所だと分かって赴いたのではないのか？　然り、自分で決めたことなのだから仕方がない。このような責任観ならば、拡散していく連帯責任＝「無責任の体系」を回避することができるかにみえる。が、本当にそうか。

二〇〇七年、フリーライターの赤木智弘は、「希望は、戦争。」という派手なキャッチフレーズとともに、自身も辿った三〇代フリーターという進路を自己責任だとする言説を激しく批判したことで話題になった。

赤木によれば、ポストバブル世代（＝団塊ジュニア世代）の弱者男性は、自己責任という名目のもと、社会的に抑圧されている。就職時に不況であったという偶然的な理由でもって年収一三〇万円以下の不安定な労働を押しつけているにも拘らず、自己責任論は、その人生は自分で選んだものなのだから社会的に保護する必要はないと切り捨てる。そのような帰責の操作は、社会の側の無責任を意味しているにすぎない。

だからこそ赤木は、座して惨めな死を待つくらいならば戦争のような国家的事業のガラガラポンにすべてを賭けたいと主張する。年収が低いため結婚できず、看取る家族もいない。一人で自殺するくらいだったら戦争の「英霊」として祀《まつ》られた方がまだまし、というわけだ。「希望は、戦争。」とは、東大エリートであった丸山眞男——皮肉にも「無責任の体系」の放置を厳しく批判した男！——が戦場では中学にも進んでいない一等兵にイジメぬかれたというエピソードが象徴する逆転劇へのスローガンである。

丸山は「下剋上」に匿名の無責任な暴発を読んでいた。が、暴発する側からみれば、無責任な行為をするように追いやった誰かの無責任がある。そのことが忘れ去られている。

「自己責任」で切り捨てる無責任

自己責任は帰責を個人に求めるが、それで「無責任の体系」を回避できるとは思えない。というのも、それは自己責任だ、という言明は、多くの場合、その当の「自己」から発せられるのではなく、見捨てることを正当化しようとする他者から発せられるものだからだ。勿論、他者による責任追及一般が無効であるとはいえない。ただし、そこで見出される「自己」なるものは、拡散した責任を個人に集約させ、すべてをなすりつけるスケープゴート化の産物なのではないか、と疑ってみる必要はあるだろう。ある個人の帰責と同時に、その裏では様々な関係者、政府や企業や国民の免責が行われているのかもしれない。

阿部昌樹は、インターネット上にある「ユーザ」や「お客様」に対する「自己責任」勧告のテクスト分析から、ネット上の自己責任論の多くがいわんとしているのは、「書き手自らは責任を負わないことを宣言する、責任回避の発話」であるとの仮説を唱えている。だとするならば、「自己責任」もまた、自分には関係なく、むしろ、すべては他人のせいだ、という思考を支える「無責任の体系」の副産物にすぎないだろう。

ここにおいて、自己責任は自業自得と大差なく、大局的にいえば連帯責任の一つの帰結、ときに悪質な責任転嫁の論理に堕している。

個人を求めても諦めても、行き止まりにぶつかるところに責任問題の厄介がある。いや、厳密にいえば、同じ「無責任の体系」こそが、ときに責任を集団に融けこませてウヤムヤにし、ときに特定個人へと責任を押しつけ彼を切り捨てる仕方で事足れりとする、自由自在ないやらしい生き延び方をするのである。

日本文化論の系譜

日本には個人がない。だから責任もない。このような主張を日本文化論と呼ぶ。日本文化論――日本人論や日本特殊論と呼ばれることもある――とは、優位であれ劣位であれ日本（人）のなかには外国にはない特徴があり、その特徴を担う本質的ななにかが歴史のなかでつづいている、という考え方を指す。

代表作としてよく知られているのは、日本とは集団主義的で「恥の文化」である、とのことでお馴染みのルース・ベネディクト『菊と刀』だ。丸山にしろ阿部にしろ山本にしろ、いや最近の分人主義者もふくめて、肯定的であれ否定的であれ個人主義に失敗する日本（人）像を描きつづける論者は、多かれ少なかれ、彼女が発見した類型を共有している。

日本文化論がそもそもどれほど頼りになるものか、疑問を感じなくもない。小谷野敦が指摘したように、比較対象の恣意的な選択、たとえば西洋列強だったり、日本の側にしてもエリート層や都市部だけに限った議論だったりと、学問的手続きについては常に眉唾の疑惑がかけられてきた。そもそも同じ国だからといって様々にある地域を一つの特徴にまとめ上げることができるような全体性があるものだろうか。

であれば、日本の無責任も単なる疑似問題にすぎないのか。いや、半分はそうだが、もう半分は違う。

第一に、無責任が日本固有のものだとする解釈に大きな価値があるとは思えない。外国でも条件が整えば人が「無責任の体系」で自らを失う事例など腐るほどあるだろう。実際、桜井哲夫がいうようにナチス・ドイツのユダヤ人虐殺を筆頭に「全体への献身」を要求する近代ナショナリズムがよく陥るものだったではないか……というだけに留まらない。日本的であれ普遍的であれ、実際に問題が生じているのだから、結局は、責任を回復させる、またはそれに相当するなんらかの対応策をひねり出すことが求められる。日本人が無責任であることの宿命を負っていることが分かったとして、だから仕方ない、と居直ることは現実には難しい。

第二に、仮に無責任問題が普遍的なもので解決不能だったとしても日本的問題が残存する。というのも、日本文化論の類型がなんの反省もなく延々繰り返されるという問題が生じているからだ。問題があるかどうか、というよりも、「問題がある」と繰り返し提示されるという言説的問題が続行している。壊れて鳴りつづける地震予報アラームは、仮に地震が絶対に来ないことが分かっていたとしても、自然災害とはまた別の問題を発生させるに違いない。

用心必須の財産

だからこそ、日本文化論を似非学問と切り捨てて満足することはできない。むしろ、言説のパターンを自覚した上で、いかにしてそこから距離をとるのか、反復を回避するにはどうしたらいいか、という慎重な姿勢が求められる。

青木保『「日本文化論」の変容』は、国際的関係のなかで変遷していく日本文化に関する理解をその時代背景とともに分析しているが、これを読むと同じ日本的特徴でもそれがいかに恣意的に利用されてきたかがよく分かる。

たとえば、ベネディクト以来否定的に論じられてきた日本の集団主義は、一九六〇年代の経済成長期に入ると一転して中根千枝『タテ社会の人間関係』を筆頭に、近代化に寄与してきた美点だと説かれる。「恥の文化」は、作田啓一によって競争を抑制し連帯を促す肯定的なものへと再解釈される。が、このような日本（人）像もまた、八〇年代以降の国際競争の流れのなかで大きな動揺を余儀なくされる。

決して決着がつかず、いささか時代の雰囲気や経済の状態をうつしているだけにもみえる軽薄な日本像の綱引きは、そのまま信じるにはやはり用心がいるといわねばならない。ただし、用心が先立つのであれば、それは無責任の不安に関する膨大に蓄積された、角度の異なる財産として捉え直すことができる。

どうしてこうも私たちは無責任なのだろう？……と、なぜ問いつづけるのだろう？　この「問いつづけ」の歴史は、たとえ正解を与えてくれないにしても、これを選べばおそらくは失敗する、という不正解の経験則を教えてくれる。間違いを――決して正解するためではなく――間違えないための財産として捉えるとき、目標の低さという安い賭金によって、存外、得るものは大きいに違いない。

とりわけ注目に値するのは、分人主義の先駆ともいえる間人主義という日本文化論であり、ここでは匿名性が単に無責任と結びつくだけでなく、他者と共同生活を営むために必要な役割分担を介して責任そのものをも構成することになるという大きな難局が露呈している。

第二章

間の熟読者たち

強制された先取り

岡田利規に『エンジョイ』という戯曲作品がある。二〇代と三〇代、男性と女性、派遣とアルバイト、など複数の緊張感ある分断線を走らせながら、漫画喫茶で働く非正規労働者たちの閉塞感を独特の日本語で扱ったものだ。彼らは、他者から直接非難されたわけでもないのに、始終、「こいつら終わってる的な見られ方されてる」と自己卑下している。というのも、「直接言われてないのに直接言われた風に、勝手に、先読みっていうか、深読みっていうか、先走りか、して勝手にそこまで行」ってしまうからだ。

同じことは、三〇代フリーターとして生きてきた赤木智弘の文章にも見え隠れする。赤木は二〇〇五年に七歳の女児が殺害された事件を受けて盛り上がった、登下校のさいにスクールバスを導入しようという議論に反発して、「そこで危険なものと認識される「他者」とは、家から学校の間にいる他人です。〔中略〕彼らの念頭にあるのは、平日の昼間に働いていない、不安定な立場の非正規労働者でしょう」と述べ、「スクールバスの論理を安易に認めることは、安定した生活を送れない人間を犯罪予備軍であると、暗に認めているのと同じことになる」と推論する。

或いはまた、監視カメラの設置についても同様だ。つまり「「子どもの安全・安心のために街頭にカメラを設置して不審者を監視する」とアナウンサーが読み上げるのを聞いて、「ああ、不審者ってのは、平日の昼間に外をうろついている、俺みたいなオッサンのことか」と打ちのめされる」というのだ。

けれども、三〇代フリーターへの直接的な言及がなく、またそれに類する資料の提示もない以上、赤木の推論は説得力を欠いているようにみえる。端的にいえば、深読みに思える。念頭におかれている犯罪者（仮）が、浮浪者や外国人労働者、正社員として働きつつもその裏で拉致をたくらむ小児愛者であったとしても、依然としてスクールバスや監視カメラを推奨することに矛盾は生じない。

赤木は、ここで敵意の先取りを行っている。様々なニュースを自分への攻撃としてコレクションしている。彼らはオレたちを馬鹿にしているはずだ。この「はず」の累積は、焦燥感の証明にはなれど、被害の客観的な実証にはほとんど寄与しないだろう。

弱さには、弱さを手放せなくなるという二重の弱さがある。自分が獲得した弱さを後生大事に守るだけでなく、負の財産に目が眩んだかのように、あれもこれもと弱さの蒐集に没頭する弱さがあるものだ。赤木は弱さのコレクターになっている。コレクターになるという弱さがある。

敵なき敵意

自己責任論は、アトム化した諸個人の自由な経済競争を推し進める一方、そこからこぼれ落ちた敗者にはなんの手当てもしない、新自由主義（ネオリベラリズム、略してネオリベ）の代表的イデオロギーだとしばしば総括される。

では、赤木もまた新自由主義の犠牲者なのだろうか。或いは、そうかもしれない。が、その場合の犠牲とはいったいなんなのか。たとえば、仲正昌樹は「〝三十代〟の若者に対して、「自己責任だ！　負け犬！」という罵声が浴びせかけられるドラマチックな光景が日常化しているのなら話は別だが、私は見たことがない」と、現実に攻撃的な新自由主義者の実在を疑っている。ならば、残されているのは、負け組たちの単なる被害妄想なのではないか。

しかしながら、赤木や『エンジョイ』の登場人物がもっている焦燥感や鬱屈感を鑑みたとき、だからこそ厄介なのだ、ということもできよう。個々人は客観的に同定できるような被害にあっているわけではない。「若者」に対して「負け犬！」と痛罵するこれみよがしの悪人などどこにもいない。それなのに、なぜか生き苦しいと感じる。敵がいないのに敵意が向けられているように感じる。敵がいれば解決はずっと簡単だ。団結して倒せばいい。難しいのはこれと指定できる敵がいないこと。ここに彼らの困難がある。

彼らが生き苦しさを覚えるのは、直接に敵意を向けられているからではなく、むしろ、駆り立てられた先回りそのものにあるのではないか。ときに滑稽のようにも思える、妄想的な想像力の空転自体に、匿名のまなざしが強制してくる困難が透けてみえる。ニュースの文言から自分の敵意を集めること。言葉ではなく、言葉の裏に真のメッセージを求めてしまうこと。別言すれば、言葉の環境が言葉以上に雄弁に語っている（気がしてしまう）のだ。

人間関係の流体力学

この環境のことを、とりあえずは山本七平にならって「空気」と呼んでおくことにしよう。『エンジョイ』では「雰囲気」という語が多用されているが、空気にしろ雰囲気にしろ、声として発言＝発現されるに先んじて場の流れが人々の自由を拘束するとき、ウーティスが弱々しい個々人の背後に忍び寄る。「空気」によって生き（息）苦しくなる。

では、当世風の略語ＫＹ（＝空気が読めない）にでもなって、強い個人を取り戻せばいいのだろうか。山本はその道を選んだ。曰く、頼りになるのは「あらゆる拘束を自らの意志で断ち切った「思考の自由」と、それに基づく模索だけ」。が、そもそも、そんなことができるならばなんの苦労もないではないか。いや、そんな素朴な感想以上に、仮にそれを達成できたとしても、なおウーティスが消え去らない予感すらある。

山本は「空気」の対語として「水」を挙げていた。「水を差す」の用例で分かるように、「水」はノッペリと広がる一辺倒の雰囲気に抗う意見＝異見として存在する。冷や水を浴びせる。「空気」の盛り上がりは、現実から遊離した状況を生み出すが、いったん彼らが置かれている実際の現状を報告してやれば、一気に現実へと引き戻される。山本はこれを「通常性」という用語でも理解している。

だが、山本によれば、「水」のツッコミによってでも「空気の支配」を脱することはできない。というのも、「水＝通常性」の倫理は、「あの状況ではああするのが正しいが、この状況ではこうするのが正しい」といった、状況のリアリズムでしかない。その背面で語られているのは、間違っているのは状況、またそれを生み出した連中の方であって、その責任は自分にはない、という新たな「自己無謬性」や「無責任性」だからだ。「水」もまた責任逃れに逸脱していく。ある行為が揺るぎない道徳律に準じるか否かなどという審級は、もはや問題にならない。

状況次第の「水」は、だから個人の自由な思考を許すものではない。「この「水」とはいわば「現実」であり、現実とはわれわれが生きている「通常性」であり、この通常性がまた「空気」醸成の基である」。だから「水」は結局のところ新たな「空気」に回収されて終わる、と山本は示唆するのだ。

分人から間人へ

空気であれ水であれ、人を無責任へと誘うのは人間のあいだの流体的なコミュニケーションだ。鉄の檻や柵といった固いものを想像してはいけない。流体が脅威なのは、責任を担う個人という確固たる単位を、場や状況に融かし、そして流してしまう脱個人化の力に張っているからだ。

分割された個人を積極的に肯定するために、平野啓一郎と鈴木健は分人主義を唱えた。が、似たようなことは既に一九七〇～八〇年代に社会学者の浜口恵俊が社会学的な調査や方法を用いながら提唱していた。その名を間人主義という。

間人とは、浜口恵俊が『「日本らしさ」の再発見』や『間人主義の社会　日本』などの著作を中心にして唱えた西洋近代の個人主義に代わる日本的人間観の中核概念である。その意味するところは、ちょうど個人主義と反対のものになる。つまり、自己中心的・他者不信的で対人関係を手段視する西洋の個人主義とは違って、相互依存的・他者信頼的、対人関係を目的視するのが間人主義である。

浜口の議論の特徴は、ベネディクト『菊と刀』から始まる戦後日本文化論において支配的だった西洋モデルとの比較から、集団主義や自我の未熟といった消極的評価を反転させ、それらネガティブに表象されていた特性をいっぺんに「日本らしさ」の自律性として再評価しようとしたところにある。

日本における個人主義の失敗は、欠陥を表しているのではなく、個人主義の限界の先にある間人主義の姿を体現しているからにほかならない。人間という字は、単なる人ではなく、ジンカン（人の間）と書く。個人として独立する前に、対人関係のなかでこそ人が人になる。それが東洋的人間モデルなのだ。

こういった言説の価値転倒的戦略――個人主義の失敗は、逆に素晴らしい！――は、分人主義のアピールにおいても用いられたことは繰り返さない。思えば、間人主義とほぼ同時期、消費社会を肯定するなかで生まれた、個人の一貫性と単一信条の帰依を超えて成立している山崎正和の「柔らかい個人主義」に、鈴木健の「なめらか」の先駆をみることはこじつけがすぎるだろうか？

文脈人のスクリーン

興味深いのは、間人を英訳するにあたって浜口が「the contextual」、直訳すれば文脈人という意味の英単語をあてていることだ。

浜口を高く評価し、『「日本らしさ」の再発見』文庫版の解説を担当した社会学者の公文俊平によれば、間人の訳語を考えていたとき、アメリカの文化人類学者、エドワード・T・ホール『文化を超えて』をめくり、そこで「コンテクスト」という言葉に出会い、その語を浜口に献呈した、という回想を記している。

ホールはその著作のなかで、文化の一つの機能として「スクリーン」を挙げた。文化という色のついた幕によって、なにに注目してなにを無視したらいいのか、大雑把な認識の輪郭が指示される。これにより、人は複雑な世界を有意味な構造として捉え、情報の過剰から身を守ることができる。この幕こそ、ホールのいうコンテクストであり、「過剰」を縮減する情報処理の役目を担う。文化の差とは情報処理の差で特徴づけられるのだ。

だから、このスクリーン機能をもつコンテクストは、地域によって濃淡がある。つまり、諸々の地域の文化は、コンテクストという尺度を介したとき、ハイコンテクスト文化とローコンテクスト文化の二種類に分けることができるのだ。

前者は身体の振る舞いや雰囲気や常識といった非言語的な前提によって情報が選別されることで、言葉による明確な意志表明や自己主張が必要なく意思疎通がかなう。対して、後者はそのように依って立つことのできる強い前提を当てにできないためコミュニケーションはそのつど明言（明文）化を強いられることになる。

当然、公文や浜口は、日本的コミュニケーションをハイコンテクスト文化、高文脈的な国民性として解釈している。このことはホールの意図とも反していない。なぜならば、ハイコンテクスト文化の代表例として出てくるのが、日本滞在中に泊まった宿屋のホスピタリティに関する著者自身の体験談であるからだ。

発話以前のもの

分人主義は、間人（文脈人）主義とさほど違ったことを述べていない。あえて差を探せば、複数の分割的な個人に軸足があるのが分人であるのに対して、間人は文脈の変化に即応する可変的な個人を見出しており、その強調点には相違がある。が、いずれも西洋由来の個人主義の閉塞を突破できる、との希望が託されている点で軌を一にしている。最新の意匠をまとっていても、その実、過去の言説の再包装でしかないところに日本文化論の大きな特徴がある。

けれども用心を重ねるのならば、これら言説は、それぞれ角度を異にした仕方で流体的コミュニケーションに関する示唆を与えてくれる。つまり、「空気の支配」にあっては、言葉それ自体が意味をもつというよりも、発話以前の暗黙の方向づけの方に重きがおかれ、これによって人々の行動と発言が制御されるということだ。阿吽の呼吸と呼ばれる関係において、発話は最小限に抑えられ、もの言わぬ互いの呼吸がただちに記号となる。この記号を支えるのは、先行する文脈の共有であり、特有の歴史を受け継いだ場の継続である。

分人の発想は、その言葉以前の歴史的な沈殿物が現実には複数的に分岐してしまうことを教えている。友人としての文脈を引き継ぐか、家族としての文脈を引き継ぐか、で私たちのコミュニケーションの振る舞いは大きく変わる。軍隊の上官として部下として、或いはまた、三〇代男性フリーターとして女性正社員として、様々な文脈を引き継ぐとき、フラットでフェアーな関係性は構築できず、ある方向へと歪んだ負荷がかかる。空気に磁場が生じてしまう。

ここにある問題は、決して文脈を解釈する個人の弱さに還元できない。なぜならば、〜として、という歴史性を帯びた社会的役割は、これに適合する他者たちの役割に応じて分節化されるからだ。軍隊の部下が部下として振る舞うのは、上官が上官として振る舞うからだ。フリーターが自分をフリーターとして自認するのは、自分とは違う正社員がフリーターではない仕方で働いているからだ。人は言葉を読む前に人と人の間を読んでいる。コミュニケーション能力とは一般に「間」のリテラシーのことを指している。

ここには責任と無責任のグレーゾーンが、もっといえば責任が成り立つと同時に自身の鏡像のように無責任を生み出してしまうというパラドックスがある。

これを考えるために、間人主義を支えるもう一つの発想源、というよりも発想の原型を瞥見することにしよう。和辻哲郎の間柄論である。

間柄とはなにか

和辻は人間という言葉を、浜口に先立って、人と人の間と理解し、これにかなうような日本的倫理学を構想した。そもそも倫理の倫という言葉が和辻に従えば「仲間」を意味し、個人ではなく人間の共同体的性格に照準しているのだが、それ以上に日本の「人間《じんかん》」には、世の中、つまりは「世間」の意味が込められている。注目すべきは、個人を指定できる「人間」の語は、ただちに複数の人を束ねているものでもあるということだ。和辻倫理学は、ポジティブに語られる脱個人主義的言説の祖型のような仕事になっている。

この考え方を代表するのが、「間柄」の概念だ。人間、仲間、世間……和辻にとって間が重要なモチーフになっているのを見るのは難しくない。先駆的には『人間の学としての倫理学』で、体系的には『倫理学』全三巻において、和辻はこの概念を自身の哲学の鍵語として用いていた。

たとえば、ある人が手紙の読み手になるのは、別の人が手紙の書き手になるからだが、読み手を想定することができなければ、そもそも手紙を書こうとは思わない。読み手がいて書き手がいる。書き手がいて読み手がいる。同じように、教師が教師たりうるのは、生徒を前にして教えることにおいてほかになく、生徒が生徒のアイデンティティを維持するには教師と彼を支える学校空間が存在せねばならない。教師がいて生徒がいる。逆もまた然り。

このように人間の行為は、顕在的であれ潜在的であれ、常に相互的で補完的な間柄を通じて行われる。和辻が徹底的なのは、いわゆる対人関係のコミュニケーションにとどまらず、たとえば食事の支度、行儀作法、気候の感じ方など生活のなかの一挙手一投足までもが他者との親和性のなかで読み解かれる点にある。「間柄の本質は、我れの志向がすでに初めより相手によって規定せられ、また逆に相手の志向をも規定している、ということ」。簡単にいえば、間柄とは、多数の他者を巻き込んだ社会生活のなか、他に対して、〜として、というかたちで現れる、人間存在の共同性がつづめられたものなのだ。

和辻分人論

和辻は、現在ならば分人主義と命名するだろう個人のもつ複数の面を次のように語っている。

「たとえば「父」は父でない他の者、すなわち会社員、官吏、商人、軍人、遊蕩児、詐欺師等々であり得る。〔中略〕同様に母もまた職業婦人、娘、恋人等々であり得る。かかる人々を子に対する父あるいは母として限定したとき、この資格において家族の全体が現われるのである。だから家族の成員である限りにおいては、それ以外の者として行為してはならない」（和辻哲郎『倫理学』第一巻第一章第三節）

個人は、その場その場によって複数に分岐し、それぞれの役割を果たすことで間柄が安定する。このとき、間柄が、具体的な他者との補完性をもつことは当然として、さらに誰というわけではない共同体全体との補完関係をもつことも忘れてはいけない。夫として振る舞うことで、目の前の相手は妻としてというプレッシャーを受ける……と同時に、夫として振る舞うことで、家族という自分たちを包み込む全体性、ある共同体の形式性そのものを支えている。

和辻が強調するのは、他者と共同体という間への自身の二重のハメ込みが、否定を介して成り立つということだ。恋人と一緒にいるときは仕事の用事を持ちだしてはいけない。アタシと仕事、どっちが大事なの？　仕事（会社員の間柄）を否定することで、家族の間柄が回復する。家族としての自分が回復する。時間によって切り替えてもいいが、一つですべてをこなすことはできないし、こなすべきでもない。これが和辻流分人の教えだ。

責任論なき倫理学

和辻倫理学にとって、個人は全体性との抜き差しならぬアンビバレントな関係を常に抱えている。個人が間柄に参加しないならば――恋人よりも仕事が大事――全体性は維持できない。和気あいあいな新婚家庭から、めったに顔を見合わせない個室の集合体まで。「家族的共同態はさまざまの度合いを持つことができる」と説かれる所以である。反対に、ある全体性が、それ自体では空っぽな個人という器に間柄という経路を通じて具体的な内実を与えもしている。

再び、個人を場に融かし無責任へと導く力に直面している。和辻の哲学からすれば、その力から離脱することは人間をやめない限り不可能であり、間柄の否定は別の間柄の選択によってだけ初めて可能になる。

たとえば、ある間柄が属する集団が重大な過失を犯したとして、それを是正するには、間柄なるものから脱却するのではなく、別の間柄に頼りを求めなければならない。が、それは山本がいう「空気」に対する「水」のツッコミのようなもので、やはり状況に縛られた流体的な運動に終始するだろう。重みや硬さがない。

このような性格は、和辻が倫理学の体系的完成を追い求めつつも、責任という概念にはほとんど興味を示さないことと並行しているように思われる。その倫理学にあって、責任の所在もおそらくは間柄のなかで決まるのだろうが、ある間柄を優先する者にとって、工場排水を河川に垂れ流すことを黙認することの方がずっと責任をまっとうしていると感じられる場合は多々あるはずだ。黙認、またも言葉以前のもの！　責任を問われたら、とんでもない、間柄がそう命じたのです、と弁解すればいい。ある共同体での責任を果たすことで「無責任の体系」に参入できる。

脱個人主義がここに極まっているだけでなく、間柄論はその後の日本的無責任論を予言していたようにさえみえる。核のごとき個人という発想に頼らないのならば、かくも困難な道筋を選ぶほかにない。それにしても、いつのまにウーティスが侵入していたのだろうか。おそらくは、間柄概念がもっている個人と全体とを結びつける界面、空気や文脈の流れに曝される面にその化物の棲処がある。

第三章

ペルソナの逆説

タイガーマスク事件

全国のタイガーマスクたちがこぞって善行しだすという奇妙な社会現象があった。ことの発端は、二〇一〇年一二月二五日、つまりはクリスマス当日。群馬県の児童相談所に「伊達直人」と名乗る三〇代サラリーマンからランドセル一〇個が寄付された。この「伊達直人」とは、アニメ化もされた梶原一騎原作の漫画『タイガーマスク』（一九六八～一九七一年）の主人公の名である。孤児院出身の伊達は、虎の覆面プロレスラーとなって正体を隠しつづけたまま月々の給与を自分がいた孤児院に寄付する。そんな漫画の主人公を真似た「伊達」が、大々的に報道されることをきっかけにして、次々と恵まれない子供たちに寄付をする模倣犯が後につづいた。善行が伝染したのだ。

二〇一六年一二月、発端となった第一の「伊達」であった会社員の男性は、その正体を公表したものの、当時、この現象が興味深かったのは、個々人の行為がその実名に帰属することなく、すべて「伊達直人」や「タイガーマスク」という一般的に象徴化された虚構のキャラクター名に回収されていくところにあった。「タイガーマスク」という名は、具体的な個人を指すことなく行為のレヴェルで判断される。一種の象徴化のなかで受けとめられる。事前に期待されている行為さえ実行できれば、誰でも「タイガーマスク」になれる。誰のものでもない名前は、誰でも受け入れ可能な懐の深さを帯びるのだ。

伝染的に名乗りを上げた「伊達直人」たちは、『タイガーマスク』という物語世界を仮装すると同時に、続編をキャラクター単位で分岐的に編み出す力も得た。あたかも現実世界が二次創作とするように。架空のキャラクターは、無名で無数の役者の連鎖によって、現実世界での実在性を獲得するのだ。彼らにとってこの世界は物語の外伝である。

顔だけで十分

なぜ市井のヒーロー譚に言及したかといえば、和辻哲郎の間柄論の根底には、ペルソナの概念があったように思われるからだ。

和辻の有名なエッセイに「面とペルソナ」がある。人間の像を再現するには、顔面だけあればそれでよい。腕も足も胴も、顔に比べればずっと付属的だ。だからこそ、多くの彫刻や肖像画などの芸術作品は、人間の本質を顔面という身体部位に見出す。この考え方を突き詰めたのが「面」（仮面）である。「面」には首、頭、そして耳すらついていない。しかも彫刻や肖像画が静止した作物であるのに対して、仮面にはそれらとは異なるダイナミズムがある。つまり、仮面は役者によって装着され、「動く地位」を獲得するのだ。

「面の働きにおいて特に我々の注意を引くのは、面がそれを被って動く役者の肢体や動作を己れの内に吸収してしまうという点である。実際には役者が面をつけて動いているのではあるが、しかしその効果から言えば面が肢体を獲得したのである。〔中略〕どんな拙い役者でも、あるいは素人でも、女の面をつければ女になると言ってよい。それほど面の力は強いのである」（和辻哲郎「面とペルソナ」）

誰かの顔だったものが、次第に仮面として独立していくに従って、新たな身体を欲するようになる。身体が交代しても、もはやその同一性は揺らがない。むしろ、身体のあらゆる振る舞いが、即ち演技となって、仮面のキャラクター性に回収されていく。たとえば、「女の面をつければ女になる」。

同じことは、「タイガーマスク」についてもいえる。人々の間での文脈的な受容を通じて一個の象徴的「面」として独立し、その結果、別の身体の獲得可能性に開かれる。こうして仮面を用いる匿名者は、伝説的物語の再生産にただただ貢献する。「面」は役者が死んでも抹消されずに、別の身体のもとで転生するのだ。

仮面という素顔

ただし、和辻が指摘した仮面の特性は、突き詰めて考えてみれば、狭義の物理的仮面にだけ還元することはできない、社会生活一般での振る舞いにも通用するものだ。

事実、和辻は、交換可能な身体を渡り歩ける人間の仮面の核心的意義に、「人格の座」を認めている。人格とはパーソナリティのことであり、原語を遡ればペルソナ（persona）のことを指す。人格とは人間誰しもがもつ（とされる）、その個人の性格にほかならない。「我々はおのずからpersonaを連想せざるを得ない。この語はもと劇に用いられる面を意味した。それが転じて劇におけるそれぞれの役割を意味し、従って劇中の人物をさす言葉になる。dramatis personaeがそれである。しかるにこの用法は劇を離れて現実の生活にも通用する。人間生活におけるそれぞれの役割がペルソナである。我れ、汝、彼というのも第一、第二、第三のペルソナであり、地位、身分、資格等もそれぞれ社会におけるペルソナである」（和辻哲郎「面とペルソナ」）

仮面は素顔を覆い、舞台用の演技の道具として間‐人的に独立したかにみえた。しかし、ここで和辻が述べているのは、覆われているはずのその素顔なるものが、既に仮面なのではないか、という前提を突き崩すような疑問である。

特別な道具を頼らずとも、人は「ペルソナ」（＝人格）という仮面をつけて日常的なコミュニケーションに臨んでいる。逆にいえば、ある個人の人格とは、その個人を取り巻く人間関係の網目のなかで結実するものなのかもしれない。

このような考え方が間柄概念に相続されていくことをみるのはたやすい。実際、宮川敬之は、『人間の学としての倫理学』の元になった昭和六（一九三一）年の論考「倫理学」の分析から、認識される「もの」（客観）と認識する「こと」（主観）の対立図式を相互的動的に展開していくことで人格概念から間柄概念への「すり合わせ」が生じたと指摘している。

アイデンティティ／クライシスを与える

脱個人主義の言説において、個人という確固たる単位は存在せず、個々人は常に揺れ動

梶原一騎＋辻なおき『タイガーマスク』第七巻（講談社漫画文庫）より

く空気や複数の文脈、そして間柄に左右される。和辻の思索はさらに、その人格にさえも浸透している他者への反応を読み込む。他者がいるから人格がある。この従属性によってのみ、人間は充実した内面をもつことができるが、他方それは、どこにも自分がいない、自分というものが四散してしまう危機を与えもするだろう。

『タイガーマスク』には、偽タイガーマスクと戦うエピソードがある。偽タイガーは、悪辣な反則を繰り返すことで本家の評判を落とそうと画策するが、伊達直人にはこれを止める手段が思いつかない。伊達とタイガーマスクの結びつきは公には絶対の秘密だ。最終回に至っても、交通事故に遭おうとする子供の身代わりになった伊達はマスクを川に投げ捨ててしまったため、その正体が衆目のもとに晒されることは決してなかった。

だからこそ、本物のタイガーマスクなるものを誰も証明することができない。マスクがあるところに、直ちに本物が成立するからだ。ここに伊達の懊悩があった。誰にでも開かれた仮面は、特定の誰かに囲い込まれることなく、当初の所有者によってさえも管理不能、操作不能なものへと成長してしまう。もはや仮面を用いているのか、仮面に用いられているのか判然としない。そして、もし誰のものでもない仮面が、ただちに誰もがもつ人格なるものならば、無責任は誰に対しても不可避に迫ってくる。

アレントのペルソナ論

和辻は日本語（人間や間柄という漢字考）から出発した。その倫理学がいかに普遍的な理論構想を謳っていたとしても、その背後には、明らかに日本的なものの影がある。「面とペルソナ」でも具体的に分析される仮面とは、能の面であった。

けれども、日本との紐帯を断ち切っても、和辻の考え方とかなり接近する海外の思想があったことは留意していい。唐突にもみえるが、ユダヤ人女性哲学者のハンナ・アレントだ。

鍵語はやはりペルソナである。少し先走っていえば、アレントもまた、語源的釈義を用いて人格の仮面性を読み込む。とりわけ、仮面によって獲得されるのは、『革命について』に従えば、私人とは区別された公共的な「法的人格《リーガル・パーソナリティ》」であり、ここにおいてヒトは権利や義務など法のなかで取り扱われる政治的存在として見出される。逆にいえば、この仮面をもたない私人は「自然人」に等しく、これは人間存在とはいえない単なる動物にすぎない。

主著『人間の条件』で提示されたアレントの世界観でいえば、人間は、生活や経済の必要=必然に拘束されるプライヴェートの世界と、複数で多様な他者と自由な言論を交わし合って自分自身を顕示するパブリックの世界という、二つの異なる領域を往来しながら生きている。仮面は、パブリック（公的領域=法的政治的世界）に入るために必須な許可証だ。

社会のなかで割り当てられた役を果たすことで自分自身を顕示する、己のユニークネスを示すところでもあるため、公的領域は「現れの空間」とも呼ばれる。また、そこはアレントがいうところのアクションの舞台でもある。言葉や行為を用いて他者と関わっていく仕事は、食うために働く動物的なレイバーとは反対の、人間の人間たる所以、共同体をつくる政治性の営為をつかさどっている。

アクションは、活動と訳していいが、演技と訳してもいい。なぜならば、アレントにとって公的領域とは、演劇の比喩に託されるべきものであり――従って、ここでいう「役」も「舞台」も演劇用語としても理解すべきだ――、ある物語を行為的に演じることで初めて、その人は劇の主人公《ヒーロー》になることができるからだ。「人間生活の政治的分野を芸術に移すことのできるのは、ただ演劇だけ」。アレントにとって、ペルソナとは、公的領域に出ていくのに不可欠な仮面＝人格である。

「何」と「誰」

ただし、アレントが仮面に公的領域へのドレスコードを認めたからといって、仮面の下には本当の自分がある、その人の本当の顔が対応している、と速断してはならない。和辻の間柄概念が個人と全体の相即を説いたように、ここでのアレントの議論は込み入っている。

ここを読み解くには彼女が峻別している「何 what」と「誰 who」の区別を理解しておかねばならない。アレントは次のように述べている。

「人びとは活動と言論において、自分が誰であるかを示し、そのユニークな人格的アイデンティティ personal identities を積極的に明らかにし、こうして人間世界にその姿を現す。しかしその人の物理的アイデンティティ physical identities の方は、別にその活動がなくても、肉体のユニークな形と声色の中に現れる。その人が「何 what」であるか——その人が示したり隠したりできるその人の特質、天分、能力、欠陥——の暴露とは対照的に、その人が「誰 who」であるかというこの暴露は、その人の語りと行ないの方にすべて暗示されている」（アレント『人間の条件』第五章、ただし訳文を若干変更した）

「何」は肉体的アイデンティティを構成するのに対して、「誰」は物理的身体に紐づけられない人格的アイデンティティを構成する。たとえば、ユダヤ人である（人種）、五〇代である（年齢）、女性である（性別）という属性——ちなみにこれらは『人間の条件』を書いたときのアレントの肉体的アイデンティティである——に関するテーゼは、すべて「何」の問いに対応するものだ。

ここから、先に紹介したアレント的公私の区別でいえば、「誰」は公的なものに対応している、と一応は理解することができる。事実、「誰」は公的領域においてはじめて露呈する。現れる。「現れの空間」と呼ばれる所以だ。ある人間に関する、「誰」？の問いかけは、人種や年齢や性別の属性の束には求められない。もっと本質的なものがある。

では、「何」と区別される「誰」とはどのようなものなのか。これを説明するのは極めて難しい。というのも、「誰」は既に引用したように、公的な活動＝演技によって他者に対してパフォーマティブに示されるほかなく、言語によって表象することが定義上できないためだ。いわば、「もの」ではなくて「こと」として示される。言葉による説明は、すべて「何」に回収され、人間がもっている固有の「誰」性の謎を満足させることはない。「何」である限り代えが利くが、「誰」とはほかの誰でもない誰かなのだ。

ペルソナは「誰」なのか「何」なのか

「誰」は各人が生得的にもっている個人の核のごときものでは決してない。「誰」は他者に対してだけ現れる。アレントが徹底しているのは、それ故に、「他人にははっきりとまちがいなく現れる「誰」が、本人の眼にはまったく隠されたままになっている」と述べるところだ。「誰」とはその人の唯一性を証明するものだが、驚くべきことに、その内実を本人が知ることはないのだ。

ここで疑問が生じる。アレントのいう「誰」とは、彼女が述べていたペルソナのことなのだろうか。この仮説には相応の説得力がある。というのも、ペルソナを装着することによって人は公的領域で活動＝演技することを許され、私人＝自然人を克服することができたからだ。「誰」もまた公的なものであり、そしてなによりこれは「人格的アイデンティティ」に等しいものだった。繰り返すが、人格的（personal）とは語源を遡れば、ペルソナ的という意味である。

しかし、「誰」と「ペルソナ」を同義として扱うと、アレントのテクストの解釈に明らかな支障が生じる。たとえば、『革命について』では、ペルソナの代表例として自然人から区別された「法的人格」が挙げられていた。果たして、これは唯一的「誰」の回答として相応しいものだろうか。いや、法廷においては誰もが平等に法的人格なのではないか。そして、また、そのことを本人が自覚するのは容易なのではないか。

或いはまた、『責任と判断』所収のあるスピーチでは、やはりペルソナの語源に言及したあとで、次のように述べている。

「私たちは常に、舞台 a stage、割り当てられた自分の職業である役割 the roles に従って承認された世界に現れます。医者として弁護士として、著者として出版者として、教師として学生として、とかですね。この役割を通じて、これで声を響かせること sounding で、まったく別のものが、完全に特異的で定義不能なのに依然として同一性を確認できるなにものかがそれ自体で暴露されるのです」（アレント「ソニング賞受賞スピーチ」、ただし訳文を若干変更した）

ペルソナが舞台上での配役になりきるのを助けるものならば、ここでいう「医者として弁護士として」云々といった職業的役割はすべてペルソナと読んでいい。ならばペルソナそのものは露呈される「まったく別のもの」ではない。「まったく別のもの」とは、アレントのタームでいえば「誰」においてほかにない。

お気づきだろうか。一見、「誰」という「人格的アイデンティティ」に対応しているようにみえたペルソナは、ここではもはや交換可能な「何」に堕落しているのだ。医者も著者も教師も、それら職業自体はユニークでもなんでもなく、世に溢れている。「誰」とはそのような属性に収まらないその人の唯一的な固有性を証しするものだったはずだ。

破られるための仮面

ペルソナの位置づけを介してみると、アレントが想定しているだろう「誰」の露呈という事態の、いささか撞着的で困難な条件が浮かんでくる。

まず、ペルソナは「誰」の内容に相応しくない。法的人格にしろ職業的役割にしろ、むしろ「何」の方に親しい概念として理解すべきだ。けれども、「誰」を露呈させるためにはペルソナの装着は必至である。なぜならば、「誰」は他者と対面する公的領域でしか顕現されないが、公的領域はペルソナをかぶり合って初めて確立される空間だからだ。『人間不平等起源論』のジャン゠ジャック・ルソーが理想化していたような孤独な自然人は「誰」でもない。

ここから推察されることは、「誰」とは、ペルソナや「何」を裏切る余剰というかたちでしか露呈しないが、ペルソナや「何」にそもそも相対さなければその裏切りの契機すら発生しない、という意味で「誰」は誰であってもいい交換可能な役割に逆説的に支えられているということだ。いわば仮面は破られるために存在する。

「誰」は肉づきの面

入り組んでいるものの、これは卑近な例を考えてみても十分共感できる議論だ。ある特定の人間を愛するとき、私たちはその人の代え難さを愛する、と自覚する。仮に、その彼（女）よりもよりよい人材が見つかったとして――より美しいだとか、より年収が高いとか、より頭がいいとか、より優しいとか――、その理由によって愛することをやめようとは思わない。なぜならば、愛とは、様々な属性によって還元できないような「誰」に照準するからだ。

しかし、だからといって、ペルソナ的「何」が一切存在しないとしたら、愛する「誰」への照準を維持することができるだろうか。

女性の格好をしている彼女に男の私は声をかけようとする。見たところ同い年ぐらいだからなんとなく親近感がある。聞いてみるとびっくり、出身が同じ地方だったなんて！これら「何」の束は、一切「誰」を規定するものではない。にも拘らず、すべての「何」が剝奪されてしまった「誰」は、具体的な身体やその身で経てきた経験を一切もたない抽象的産物に堕してしまう。それは生気を失った思念体以外のなにものでもない。

街を歩いていた女の子に声をかける。仲良くなって、彼女の性格や趣味や宗教や出身地を知る。人生の歩みを知る。彼女とよく似た女性がいたからといって、もう別の誰かと一緒にすることはできない。彼女の「誰」を痛感する。けれども、そもそもその「誰」に達するには、様々な「何」にアクセスして、そのペルソナと対面する必要があったことを忘れてはならない。

整合的に解釈しようとすれば、ペルソナは「誰」でもなければ単なる一つの「何」と考えるべきでもない。おそらく、ペルソナとは「何」から「誰」を垣間見せるための、その二つを連絡させるインターフェイスである。

比喩的にいえば、「何」的ペルソナに回収されない唯一的「誰」の顔とは、決して脱ぐことができず、それ故に他人と交換することもかなわない、素顔にぴたりと張りついた摩訶不思議な肉づきの面として存在している。肉に張り付いているため外して自分で確認することはできない。それは生身の顔ではないが――それは私人の顔であろう――、装着者の身体（顔面）と切っては切り離せない生きた仮面として他者の前に現れるのだ。

「何」を介して「誰」に出会う

「誰」／「何」のインターフェイスとしてペルソナを解釈したとき、斎藤純一の真っ当なアレント批判も、むしろ彼女のテクストに沿う仕方で理解することができる。

斎藤は、アレントが考えたように「誰」から「何」を切り離すことは可能か、仮にできたとして、そこに立ち現れてくるものはアクションに相応しいものなのか、と問うている。「もし「誰か」が「何か」から遮断されるならば、そのとき「誰か」と「誰か」との間に成立する対話は、一部のリベラリズムが求める「中立性」の会話に似たものとなろう」。

極端なまでにポリティカル・コレクトネス（略してPC）に配慮した戯画的な場面を思い浮かべて欲しい。多くの場合にセンシティブな性や身体に関する話題は勿論のこと、出身地差別や職業差別を恐れて、その人をかたちづくる背景に踏み込もうとしない会話は、ひどく薄っぺらなものになるに違いない。許されるのは紋切型の挨拶くらい。いや、何気ない挨拶でさえ、ある国語を用いる限り、その国にトラウマを抱えているかもしれない彼（女）はもしかしたら不快を感じるかもしれない！

こういった「中立性」、つまり偏見を完璧に排除しようとする言葉が、「何」への転落を恐れるあまり「誰」の的を外していることは明らかだ。斎藤がいうように「「何か」としてのアイデンティティのもとで経験されてきた事柄は、やはり他に代えがたい内実をもつはず」と考える方がよっぽど自然だ。

けれども、この理解はアレント的ペルソナの概念と矛盾していない。ペルソナは直接「誰」を示さないが、ペルソナがなければ公的領域に入れず、仮面を破いてしまうような過剰としての「誰」に触れる機会もないのだから。

斎藤が例として挙げている「あなたはアイヌの女性としてどう思いますか」という質問は、回答者にステレオタイプな返答を期待する「何」的重圧を与えているものの、だからといって「アイヌの女性として」語る振る舞いのなかに、唯一の「誰」へ至る道筋が開けていることも決して否定できない。ペルソナは「誰」／「何」を分割しつつ取り結ぶのだ。

アレントと和辻の間柄

アレントのペルソナ論と和辻の間柄論を並べてみたとき、多くの示唆を得ることができる。とりわけ、個人と全体を取り結ぶ間柄は、個人の「誰」に接近するには交換可能な「何」的ペルソナを介さねばならないというアレントの公的領域の考え方と構造的な類似をみせている。

アレントのいう公的領域とは、和辻のいう間柄となにがどう違うのか。アレントが、『人間の条件』で利害関心（interest）を「間にあること inter-est」と分解し、「ほとんどの活動と言論は、この中間的なもの in-between に係わっている」と書くとき、またそのリアリティを「人間関係のウェブ」と書くとき、彼女の「in-between」に和辻的間柄を読み込んではいけないのだろうか。

このことは二重に解釈することができる。第一に和辻のいかにも日本的な倫理学は、けれどもペルソナの逆説を通じて、より普遍的な射程をもっているのではないか、ということ。第二に、脱個人主義の元祖と相性のいいアレント哲学にもまた、一見日本特殊にもみえた「無責任の体系」を助長してしまう欠陥があるのではないか、ということだ。

アレントの公的領域はヨーロッパ、とりわけ古代ギリシャに範をとっていた。その演劇モデルはギリシャにおいて演劇と政治が固く結び合っていたことの名残である。にも拘らず、間柄論との接近を認めるとき、それは日本の無責任問題がかなり根深いものであることを私たちに予感させる。

回帰する懊悩

勿論、相違点もある。たとえば、和辻の間柄論には、アレントが強調していたような公私の峻別に関する厳しい視線が存在しない。「人間存在は公共的であるとともに私的でもある。〔中略〕ロビンソンほど孤立した人にあっても、もはや私的存在を持ってはおらない」と和辻は述べる。この二重性、極私的に思われている生活の細部にさえもう既に浸透していた共同的なものを、間柄論は手放さないのだ。

また、和辻倫理学においては、「何」に回収されない余剰としての「誰」の契機が決定的に不足しているようにみえる。決して個人の自由がないわけではないにしろ、全体との相即のなかで個を捉えようとする性格は、宇都宮芳明がいうように「個よりも全の側に力点が置かれていることは否めないであろう」との印象が拭いきれない。

いうなれば、和辻の「間」は、アレントの「in-between」に比べて、既存の共同体を高く評価するために、その緊張の度合いが著しく弛んでいるようにみえる。間柄において、予期しない異邦人との偶然の出会いといったケースは想定されていない。が、にも拘らず、「誰」が「何」の染みついた仮面を通して初めて露わになることを考えれば、アレントの場合であれ、他者との出会いは決して無制限に開いていたわけでもなかった。そこでは既存の空気や文脈のもと、または割り当てられた役割のもと、がんじがらめの弱々しい個人が呻き、そしてタイガーマスクが自身を見失う懊悩が回帰してくる。

一体なにが起きているのか。注目すべきは、ペルソナが演劇において声を響かせる道具であったということだ。

第四章

演劇モデルを反駁す

アレントは裏切らない？

アレントは職業的役割に代表されるペルソナの機能を「声を響かせること」だと説明していた。これはペルソナの語源 per-sonare のなかに、彼女が演劇的ニュアンスを正確に読み取っていたことに由来している。『革命について』によれば、ペルソナとは「古代の演技者たちが劇のときによく着用した仮面」で「かぶることによって、あるものを通して声を響かせることができる」。坂部恵『仮面の解釈学』に従えば、ペルソナは「「音」son を「通して」per- の意味をもつ」舞台道具なのだ。

ここで一つの疑問が生じる。無責任が生じる元凶は、重さや硬さを喪失した流体的コミュニケーションだったはずだ。そこでは、発言に先立つもの、言葉以前のものに拘束されることで、過去からの文脈に統べられた沈黙のなかですべてが決定されていき、責任の所在も拡散される。が、アレントのペルソナとは声の装置であり、言葉を助けてくれるものでもあったのではないか。

言葉と意志を大事にする彼女の哲学が、あろうことか「無責任の体系」に接近するだなんて！　そんなことが本当にありうるのだろうか。

歯車問題

実際、熱心なアレント・ファンからすれば、ここまで述べてきたことは誤読以外のなにものでもないだろう。

たとえば、アレントは歯車問題を否定的に論じている。歯車問題とは、全体主義的システムにあって個々人はある命令系統の歯車にすぎず、その集団が仮に大きな罪を犯したとしても、荷担した個々人には責任はない、とするものだ。アレントはこれを斥け、仕方なかったのだ、という言い訳を許さない。

そもそも歯車問題は、アレントがアイヒマン裁判に関する一連の騒動を受けて考察したものだった。一九六一年、彼女はナチスのユダヤ人殲滅作戦の責任者だったアドルフ・アイヒマンを裁く公開裁判を傍聴する。その経過をレポートにまとめた『イェルサレムのアイヒマン』は、アイヒマンの罪をあたかも軽く見積もるかのように受け取られかねない記述と、ゾンダーコマンドと呼ばれるナチスに協力したユダヤ人部隊への問題提起をあわせもつことで、ユダヤ人共同体から大きなバッシングを浴びた。改めて確認するまでもなく、アレント自身がユダヤ人であったために論争は混迷を極めた。

多くの誤解に晒されつつも、アイヒマンには罪があり、死刑に値することはアレントにとって自明のことだった。法廷は虐殺システムや反ユダヤ主義を裁くものではなく、ある一人の人間を判断する場所であり、彼が「歯車」として働いていたのだとしても、「それではあなたは、そのような状況において、なぜ歯車になったのですか、なぜ歯車でありつづけたのですか」という反問は依然として有効であるからだ。

個人なるものが崩れやすい単位だったとしても、個人には自身が崩れてしまう前に、離脱することもふくめて様々な選択が可能だった。そのように考える彼女ならば当然、「無責任の体系」を脱却できる強い個人を主張することができるはずだ。

ペルソナが命じる沈黙

それでもなお、アレントを和辻とともに読んだとき、また彼女のいう「誰」がそれ単体では一種の空疎さを免れないことを考えたとき、「誰」が「誰でもない」との共犯で成り立っていることを洞察しないわけにはいかない。

そもそも、声（言葉）は声だけで自存しているのではない。声は、これを伝える空気のなかで発話される。そして、人間にとって空気とは誰にとっても中立でフェアーな媒体なのではなく、それぞれの文脈を引き継ぎ、特有の磁場に統べられていた。その観点からみたとき、「誰」を顕現させるのに必須のペルソナは、交換可能な「何」を帯びている点で、必ずしも自分自身でなくてもいい役割、各人によるその分担という文脈づくりを助けてしまうものでもあるのではないか。

文脈とはスクリーニングのこと、言葉の節約のことである、というホールの指摘を思い出して欲しい。「一緒に育った双子（高コンテクスト）のほうが、裁判中の法廷（低コンテクスト）における弁護士二人〔中略〕などより、言葉少なにコミュニケートすることができる」。

私たちは多くの他者を巻きこんだ社会生活のなかで、現実には、いちいちすべてを言葉にしていない。前提が共有できているという信憑があれば、かなりのことを省略している。コンビニで買い物をするときに、品物を売ってください、とレジの前にいる青年にお願いすることはない。病院にいる白い服を着た男に、医師免許をみせろ、とは確認しない。教室にやってきた教師が、出席をとり、授業を始めることを生徒たちは誰も不思議には思わない。

なぜこのようなスムーズな展開になるかといえば、ある役割のペルソナが別のペルソナと否定的に結節することで――教師は学生ではないという仕方で学生と対面する――、コミュニケーションを円滑にし、パターン化された安定的な関係のウェブを前提にすることができるからだ。社会的行為の逐一は、先行して培われた役割同士の文脈によって先導されている。そうでないならば私たちは他者に会うたびに、いちいちその正体を尋ねねばならないだろう。そんなことをせずとも、置かれた状況や場によって、その人が「何」なのか、ほとんど無言のうちに理解できる。コミュニケーションをショートカットできる。そして、病をきちんと治すという要件をクリアするのならば、医者が「誰」だって構いやしないのだ。

匿名に言葉は要らない

医者が「誰」だって構わない。このように思うとき、「何」的ペルソナが助長する「誰でもない」の深淵が開いている。そして、驚くべきことに、アレントの見立てによれば、交換可能な仮面を介さなければ、その個人を真に個人たらしめるユニークなものには到達できないのだ。ここにペルソナ最大の逆説がある。

社会学者のアルフレッド・シュッツは、同じことを「匿名性」の概念で説明していた。他者は様々な場面において常に固有の存在として現れるのではなく、しばしば類型的な仕方で登場する。ある人にとって友人としての「N君やX氏」はかけがえない存在として捉えられるだろうが、そのNがいったん職場の郵便局で働くとなれば、固有名をなくしたただの「郵便局員」として人々の前に現れる。そして、彼が帰宅するさい通る街頭では、大勢の通行人に紛れ込む単なる「人」になっている。

匿名性のレヴェルが上がるたびに、言葉の介入はますます不要となる。葉書をください。いつ着きますか。速達でお願いします。「郵便局員」に対して必要な言葉はかなり限定されている。通行人には語りかける必要すらない。端的に無視してよい。

ペルソナはたしかに声を響かせる道具だ。が、それは、ある声（言葉）を響かせることで、別の声（ノイズ）を発さずにすませる、格好の沈黙手段でもあることを忘れてはいけない。医者の仮面をつけた者は医者らしい声色を使える。じゃあお薬出しときましょうか、と大いに響かせることができる。けれども、そのことによって、速達のやり方を教えることもなければ、三〇代フリーター問題についてコメントをする必要もなくなる。いや、その場では発言するべきですらない。彼は医者なのだから！

割り当てられた役割に相当する責任をまっとうしようとすることは、役割外の無責任を同じくらい強く肯定する。職務に忠実であること、役割に徹すること、つまりは言葉を文脈に譲ること。そこでは、いつのまにかコミュニケーションが流体化している。阿吽で進んでいる。空気に流される、とは、ある集団のなかで割り当てられた、または押しつけられたペルソナを唯一無二の発声装置と過信することにある。

ペルソナは複数の声を抑圧するミュートの装置でもある。そして、高度に分業化の進んだ、言い換えれば、とたんに誰もが無能にならざるをえない異領域に挟まれた現代社会では、このことはごくごく一般的に観察できる現象のはずだ。

文脈主体論争ならぬ歴史主体論争

文脈を国民国家に相当する大集団の視野まで広げて考えたとき、それは歴史と呼ばれるものに等しくなる。そしてアレント哲学は、戦後日本の歴史を総括する上で欠くことがで責任が生じるのではなく、犠牲者への責任＝応答可能性（responsibility）によってこそ、反対に主体は成立するのだ。これら論争文は主に『戦後責任論』にまとめられることになる。

共同体との距離感

さて、加藤と高橋の論戦のなかで提出されたのがアレントの名だった。最初に提示したのは高橋の方だ。

高橋はいう。ホロコーストにおけるユダヤ人指導者たちの責任を彼女が追及したさい、同胞への同情に欠けるというゲルショム・ショーレムの批判を受けたが、アレントは「判断＝裁き（judgement）」の責任は回避できない、と答えた。たとえ人種や宗教を同じくしても、ジャッジメントの責任は公平に問われるべき。この観点からみたとき、自国の死者を優先させる加藤は隠れナショナリストに等しい。

これに対抗して、加藤もまた高橋が言及したアレントのテクストを取り上げる。加藤は高橋的解釈から出てくる公共性（無情なジャッジメントの必要）と共同性（同胞の悲劇への同情）の二者択一を脱臼させ、共同体の足場を強く自覚するからこそ、公共性のステージが成り立つのだ、と切って返す。二つは重層的であり、共同性の層がなければ公共性の層はその位置を保てない。

いわば、自分の状況を括弧がけして公平な観点に立とう、身を引き離そう、と意欲するには、共同体に縛られた自分を意識することが必須で、それに相当するのが「死者との共同性を解体してわたし達の死者との関係を公共化」すること（＝義のない戦争で死んだ日本兵士への哀悼）であるわけだ。加藤は、『イェルサレムのアイヒマン』の挑発的で軽妙な「語り口（tone）」から、その絶妙な距離感を読み込んでいる。

分身するアレント

公共性という言葉が躍っている。

前章でアレントの公的領域の考え方を既に見たから、余計な注釈は不用かと思うかもしれない。確認しておけば、公的領域とは動物ではない人間たちが言葉と行為を用いて他者に働きかける活動＝演技の場、「現れの空間」のことであった。

ようにみえる。

が、そうではないのだ、と主張したところにアレントの転回があり、同時にまた演劇モデルの新展開があった。

彼女が強調するのは、舞台上の役者は自分が他者にどう見られているか気取られているため自律していない、ということだ。また、舞台で演技中の役者の視線は自然、部分的＝非公正的（partial）なものに偏って全景を冷静に眺めることができない。この不能を補うのが、役者に期待をかけ、物語の全景を見守る有象無象の観客たちである。

だからこそ、彼女のカント読解においては『人間の条件』のときと対照的に「特殊な出来事に相応しい公的領域を構成していたのは、活動者＝演技者たちではなく、喝采を送る注視者＝観客たちだった」ということになる。

けれどもアレントにとって、この展開は決してアクションによる公的領域論の撤回を意味するものではなかった。講義録の編者であるロナルド・ベイナーが指摘するように、アクションの思想、アレントのいう「活動的生活」の思想は、その片割れとして、世の静観に専心する「観想的生活」と一組になって初めてその真価を発揮することが元々の計画のなかに入っていたからだ。

アレントの公共性は、舞台の上でだけ繰り広げられているのではない。劇場には舞台だけでなく客席もある。舞台と客席を往来しなくてはならない。一方だけでは不十分なのだ。

「観客」の訳語を削ぎ落とす

興味深いのは、アレントの新展開こと「注視者＝観客」論を、高橋は「注視者」に切り詰めて使用しているということだ。つまり、スペクテイターに宿る演劇的ニュアンスを高橋は意図的に削ぎ落とすことによって、裁判の比喩に相応しい概念として再提示しようとしている。

論争が始まる前。元々、高橋はアレントの思想を決して全肯定していたわけではなかった。『記憶のエチカ』に収められることになる一九九四年の論文「記憶されえぬもの　語りえぬもの」では、大きな歴史から忘却されてしまう（犠牲者たちの）記憶や証言、つまり「忘却の穴」への関心から初期アレントの代表作『全体主義の起原』（第三巻第三章）に接近した高橋は、『イェルサレムのアイヒマン』での「忘却の穴などというものは存在しない」という言葉に批判を差し向けている。

たとえ小さい声であっても忘れてはならない記憶がある。にも拘わらず、それが「完全な忘却」によって抹消されてしまうかもしれない危機は常にある。なのに忘却しないなんて、なんて呑気なことを言っているんだ、アレントよ！

高橋はアレントの後退の原因に、大きな歴史に準拠する公共性概念の抜本的性格を読み取っている。公的領域とは、「現れの空間」、つまりはスポットライトを浴びる舞台を要求し、その上でなされる行為や言論によってだけ歴史が更新されるという形式の下で進行する。

けれども、そこに参加できない弱者の声はどうなるのか。公的領域はそのか細い声を結果的にかき消しているのではないか。たとえば、「被害者を〈公的空間〉に引き出し、衆人注視のもとで証言を迫ることほど暴力的なことはない」。いわゆる、セカンド・レイプというやつであり、そこにおいて「現れの空間」は、晒されの空間に変貌している。

こうして、公的領域の成立そのものがもっている暴力性は、政治を美的なもので捉えるモデル自体に求められる。つまり「演劇モデルのゆえに必然的に上演＝表象（representation）の空間を特権化し、「それを表象する可能性を根こそぎにされた出来事」をまたしても裏切ってしまうのだ」。この疑問は当然、役者だけでなく「事態を注視する観客＝観察者こそが、芝居（spectacle）の意味を見出し、その演技を的確に判定＝判断（judge）することができる、という思想」にも及んでいる。政治的判断において、厳密にいえば観客さえも的確なメタファーではないのだ。

ここまできたとき、加藤を批判するさいに高橋が「観客」という演劇的用語を決して用いず、裁判の比喩としてのみ耐えうる「注視者」の語だけを採用した理由が洞察できる。高橋はアレントの演劇モデルを元々信用していない。演劇モデルは、被害者や犠牲者の声をかき消し、または演出によって劇的に歪曲、記憶を忘却させる権力行使でもあるからだ。歴史主体論争でのアレントは注意深く整形されていた。

演劇モデルから遠く離れて

長々と論争を眺めてきたのは、ペルソナを装着した演技によって公的領域に登場すると同時に、「誰でもない」の深淵を覗かせていた懸案の演劇モデルに、一つの挑戦が企てられているからだ。

高橋は日本人の身内贔屓によって外国人に果たすべき責任がウヤムヤにされていると非

難した。その原因は、演劇モデルで発想された公的領域にある。高橋のアレント評価は揺れている。よく知る間柄（ユダヤ人共同体）だからといって特別扱いしてはいけない、というアレントの姿勢は極めて重要だ。が、これを貫き通すには、演劇モデルに依らない別の公共性を考案する必要がある。それが高橋の「注視者」だった。

ペルソナの逆説からみても、この用心の仕方には学ぶべきものがある。和辻＝アレント的なペルソナは互いに互いの配役＝役割（role）に習熟している文脈に囲繞され、かつこれを強化するものとしてあった。ペルソナから発されるのは、単なる声ではなく、劇の台詞であり、台詞は筋書き通りに進行する。結果、ペルソナの声は、方向づけられた空気のなかでだけ響き、個々人のユニークネスにたどりつくどころか、流体的コミュニケーションを加速させ、ある間柄の責任の徹底の背後で間柄なき者たちへの無責任の居直りが生じてしまう。

興味深いことに、山本七平もまた、女形の舞台という演劇的比喩を用いることで空気の支配を説明していた。

「舞台とは、周囲を完全に遮断することによって成立する一つの世界、一つの情況論理の場の設定であり、その設定のもとに人びとは演技し、それが演技であることを、演出者と観客の間で隠すことによって、一つの真実が表現されている。端的にいえば、女形は男性であるという「事実」を大声で指摘しつづける者は、そこに存在してはならぬ「非演劇人・非観客」であり、そういう者が存在すれば、それが表現している真実が崩れてしまう世界である」（山本七平『「空気」の研究』）

復習しておけば、このような女形に対して、本当は男だ、と客席からヤジを飛ばすのが「水を差す」行為だった。が、そのことによって劇全体を打ち壊すことはできないし、ヤジった当人が表舞台に上がって責任をとるわけでもない。山本は、この「劇場の如き閉鎖性」に日本文化の特徴を読み取っていた。

舞台に立てる者には条件がある。条件をクリアしなければ、役はもらえない。そして、役者たちは声を響かせ、観客に見守られながら、演技に没頭することで一つの世界をつくりあげる。が、所詮は絵空事、劇場の空気に統べられた世界にほかならない。仮面、配役、演技、上演、観客……劇に関係するものはことごとく疑わしい。高橋の警戒心は、加藤やアレントだけでなく、日本の無責任問題にまで及んでいる。

ジキル＆ハイドの無責任

日本の無責任問題を解消しようとする論者は、たいてい個人主義の復権、または自立した主体の確立を訴える。山本の処方箋も、簡単にいえば、自分の頭でよく考えろ、ということだった。

が、高橋が期せずして提案したのは、その場の空気や文脈に縛られずにこれを俯瞰する注視者になれ、ということだった。似たような処方箋にみえても、いささか角度を異にする。注視者は発言しない。偏った空気に巻き込まれずに、役割にもとづいた行為の分担にも参加せず、静観のなかでフェアーに判断できる。ペルソナのように声で声を抑圧することで沈黙を得るのではなく、端から沈黙を得るために沈黙になる。挫折ばかりの個人主義のすすめに比べれば、ずっと希望がもてそうだ。が、（またも）どうやって？

そのことを考える前に、もう少し論争に踏みとどまりたい。歴史主体論争が提起したのは、人を統べる文脈（歴史）には複数あり、それらはしばしば相克的な状態に陥るということだった。このテーゼの前半は、分人主義者によって既に指摘されている。相対する他者によってそれぞれ自分が分割されていく。が、分人主義の弱点になるはずの後半に関しては、加藤の考察が光っている。

つまり、日本が左派と右派、護憲派と改憲派という「ねじれ」た二重人格、ジキルとハイドのような状態になって他国への謝罪が完了しないという理解は、言い換えれば、日本が分人化している、ということだ。そして、謝ったその直後、本当は悪い戦争をしたわけではなかったのだ、といった自己正当化に終始する言説が国外に漏れ伝わるのならば、そこに無責任を読まれても不思議ではない。

個人単位であれ国家単位であれ、人格の分割が許されない、或いは、許したとたん無責任に直結する政治的倫理的局面が確かに存在する。この点で分人主義の素朴な称揚は浅い。

共通の本性

加藤典洋はなぜ高橋との和解に至れないのか。実のところ、注視者（加藤の言葉でいう公共性）へ至るための手続きに見解の相違があるだけで、加藤の総論は高橋とさして変わらないようにみえる。

実際、両者はアレントに不満があるという共通点がある。加藤はアレントに共同性と公共性の重層を読んだ。『敗戦後論』の続篇となる『戦後的思考』では、この視角を糸口にしてアレント的公私分割論のさらなる追究を試みているが、そこでは彼女への不満がより吐露されている。

加藤はアレントがもつ、公共性と共同性の意識を、それぞれ「政治的共同体」と「自然的共同体」と言い換え——どちらも共同体（共同性）であることに注意——、その上で彼女が見なかったものとして、人間の「共通の本性」を主張している。それは「私利私欲」であり「死に瀕して死にたくないと思う生命の本能」である。

公共的＝政治的なものは、ときに各人の命よりも優先されるべき共同体の使命があるのだと諭して、生命をいさぎよく捨てることを成員にしばしば要求する。お国のために死んでこい、というやつだ。アレントにとって私的領域が、寝食や生殖をふくめたヒトの動物的循環を指していたことを考えれば、公的領域での生命軽視は当然とさえいえよう。けれども、加藤はこの主張に納得しない。その私的な「共通の本性」がなければ人間の複数性に開かれた公的領域も存立しないのではないか。

この主張は音（son）に先立ち、かつ、これを統べている、語り口、即ちトーン（tone）

で読むアレント論と正確に連続している。

文脈の収束、筋書きの確認

だからこそ、両者はともに公的に流通する歴史、国民単位で参照される文脈への違和感があった。

高橋の場合、劇的に語られた歴史は、舞台に登場しない（できない）証言や記憶を忘却に追いやる権力行使だった。加藤の場合は、生存に執着する「私利私欲」を切り捨てた美談に胡散臭さを感じている。「英霊」だなんだといってもてはやしてはいるが、その正体とは嫌々命を投げ出さざるをえなかった数多くの私人たちではないか。まかり通る歴史がもつ行儀のいい絵空事はもう聞き飽きたよ。

だからこそ、「ねじれ」解消の目的において、無意味に死んでいった死者一人ひとりの顔に無意味に向き合おうという哀悼の論点が、いささか突拍子もない仕方で論じられる。「英霊」としてではなく、無意味に死んでいった無名兵士のリアルな素顔に接近することで、左派の歴史観と右派の歴史観というかたちでねじれる以前の、最低限共有できるものを確認しようとする。

これを次のようにも言い換えられる。つまり、正統な文脈の座を争って、いや、争いが起きるならばいいが妙に役割分担されて、日本が分人化に邁進するくらいならば、拡散した文脈をきちんと収束させよう、と。きちんと筋書きを読み直しましょう、といってもいい。

演技の残骸

アレントは『人間の条件』のなかで「騒動の意味が完全に明らかになるのは、ようやくその騒動が終わってからだ」と述べていた。

アレントにとって歴史は、アクションのあとで浮上する英雄的行為の証拠、またはその残骸のようなものだ。個々の人間はいずれ死に、彼らが成し遂げた偉大な活動もすぐに忘れ去られてしまう。けれども、活動を言葉で保存しておけば、その名声は死後もつづくことになる。それだけでなく、この作業は活動が終わったあとに完了するため、舞台上の役者が見渡すことのできなかった劇の全体像を把握することができるという利点もある。

アクションは役者だけでは完成せず、ワーク（製作）を司る「過去を一瞥する歴史家historianという物語作者storyteller」とセットになって完全なものに至るのだ――ちなみに、この『人間の条件』での歴史家の位置づけは、後年の『カント政治哲学講義録』の「観客」とアナロジカルだ――。

これは「何」と峻別された「誰」の問題とも無縁ではない。アレントに従えば、公的領域で対他的にしか現れなかった摑みどころのない「誰」は、彼が死んだあとに紡がれる歴史＝物語において初めて、対面したことのない者でも触れることができるようになる。「人間の本質が可能になるのは、生命がただ物語を残して去るときだけである。〔中略〕実に、その人の「誰」のことである」。

死面のつくり直し

前に「誰」を肉づきの面と形容した。その所以は、取り外すことができないため対面したことのない者にとっては意味不明であるということだった。

その延長で再びたとえれば、語られた歴史におけるある個人の造形は、肉のかたちを保存しようとする死面《デスマスク》のようなものだと考えればいいだろう。ペルソナを通じて、各人は対面する人間の（本人さえ知らない）肉づきの面を垣間見る。その人間が死んだとき、彼の面を型にした死面がつくられ、人類の共通財産であるかのように時代を超えて共有される。

加藤が不満なのは、その死面がわざわざつくられるのは、ごく一部の偉人でしかなく、誰の面をつくるのか、誰に優先的に向き合うのか、その選択によって日本の文脈が分裂して「ねじれ」が生じてしまう、ということだった。無惨に死んでいった兵士の哀悼とは、既存の硬直した歴史をより柔軟な仕方で語り（書き）直すことで、日本的アイデンティティが自覚的に統合（回復）されるはずだ、という期待感の表れである。

まるでヒトラー

言葉がたくさん出てきたからといって混乱することはない。同じことしか述べていない。死面、即ち、国家単位の文脈が染みついた仮面。仮面を通じてその人のかけがえなさに迫れる。そう、ペルソナと構造的には一緒なのだ。死面とは歴史化されたペルソナである。

このことは日常的な言葉遣いのなかでよく洞察されることだ。独裁的な人物を、ヒトラーになぞらえるとき、その「ヒトラー」とはアドルフ・ヒトラーという歴史上の個人を指しているのだろうか、それとも最悪の独裁者という符牒として用いられているのだろうか。前者ならば「誰」を、後者ならば「何」を指しているが、実のところなんともいえない。

なぜこのようなことが生じるかといえば、ペルソナが「何」を通じて「誰」に至るという逆説的な構造をもっているからだ。だからこそ、死面にもまた、「何」に終始して「誰」でもない」を覗かせる、あの深淵が開いている。単にパワフルなだけの政治家を、知識人が「ヒトラー」として過剰に形容するとき、アドルフ・ヒトラーが「誰」なのかということは忘れ去られ、独裁者として、という単なる「何」に還元されている。

往々にして、そういう場面では、ヒトラーをスターリンに代えたってなんの不自由もなく通用するものだ。全然違う「誰」なのに!

「希望は、戦争。」再来

「英霊」は胡散臭い。これは加藤だけでなく高橋も首肯できる意見に違いない。演劇モデルを批判していた高橋にとってそれは、あまりに劇的な演出だからだ。が、ここで「英霊」になりたいと望んでいた男のことを思い出してもいい。赤木智弘である。赤木は三〇代フリーターに対する尊厳のなさに絶望して、これに比べれば、戦争で死んで「英霊」にでもなった方がよっぽどいい、と主張していた論者である。

いまや赤木の理路は次のように表現できる。劣位にばかり評価される文脈が圧倒的な三〇代フリーターというペルソナは、正社員を筆頭とする優位な（と想像される）ペルソナの否定的な結節によって分節化されている。これを覆すには、国のお節介によって、立派なペルソナを分配せねばならない。すべての国民にはその責務がある。少なくとも、歴史化されたペルソナ、「英霊」という死面ならばオレにだってチャンスがあるじゃないか、と。

加藤と赤木は、問題意識やイデオロギー、さらには文章力や教養において大きな違いを見せるものの、ある点ではよく似ている。つまり、新たなペルソナによって、拡散した文脈を統合できるという期待だ。加藤は左派的な「悪辣な侵略者」のペルソナにも右派的な「英霊」のペルソナにも不満があり、別の仮面を用意せよ、という。同じく、赤木は三〇代フリーターというペルソナに不満があり、戦争が嫌なら別の仮面をよこせ、という。

いずれにせよ、新しいペルソナで問題が解決するだろう、という点で両者は瓜二つだ。が、果たして本当にそうなのだろうか。注視者への刮目は、その疑問に端を発している。

第五章

匿名の現代思想

ピュトア誕生譚

アナトール・フランスに『ピュトア』という短篇小説がある。リュシアンがまだ幼い頃、毎週日曜、コルヌイエ夫人はリュシアンの母を食事に誘っていた。ある日、それを億劫に感じた母は、ちょっとした出来心から、ピュトアという名の庭師が来るため家を離れられない、という言い訳で誘いを断る。その言葉を疑わない夫人は、ピュトアを自分の家でも雇いたいと思い立つが、なかなか出会うことができず、想像ばかりがふくらみ、ついには自分の庭で起きた野菜窃盗事件をピュトアのせいにしてしまう。これが機縁となって、伝言ゲームよろしく、人伝えに、ときに新聞を介して、ピュトアの様々な性格や容姿が肉づけされ、あたかも実在するかのように人々のあいだで信憑されていく。怠け者、酔っ払い、泥棒、悪人面、卑劣漢……かくしてピュトアはあらゆる悪事を一身に背負う伝説の悪党となっていった。ちなみにフランス語で putois とはイタチを意味する。

自分の庭

ピュトアはあたかも「無責任の体系」を擬人化したような登場人物、いや未登場人物だ。「体系」では、なにか重大事件が起こると、客観的には特に関係をもたない者をも巻き込んで連帯責任という名の拡散現象が生じる。と同時に、「体系」のその中枢で働く者は、そこで割り当てられた役割を遵守することを通じて、それから漏れてしまう過失に対応する義務を解除し、自分の担当ではないので（私じゃなくて××が悪いのです）、という弁解を無限に引き出してこれる。この××をアイコン化したのが、さしずめピュトアといえよう。

フランスの作家、アナトール・フランスが、ときにヴォルテールに比される風刺的作風をもつことを鑑みれば、ピュトアが庭師であること、また冒頭が「儂どもが子供時分の家の庭は」「二十歩も歩けば全部廻り切れる程の庭だつたが、儂どもに取つては微笑と驚異に満ちた宏大な一つの世界だつた」というリュシアンの庭に関する回想から始まることのなかに、ヴォルテールが残した有名な哲学的対話篇『カンディード』の台詞「自分の庭を耕さなければなりません」を連想しても不思議ではない。

この世界は神の選んだ最善の世界なのだろうか？　そんなことよりも、目の前にある現実生活、毎日の労働にいそしみなさい。対話篇を締めくくるこの小さな「庭 jardin」は、高尚な哲学談義などではなく、通俗極まりない人々の私的な流言や風説のなかで信じられていくピュトアの恰好の発生場所であるといえる。アナトール・フランスは先行して『エピクロスの園 Le Jardin d'Epicure』で既に園＝庭を自作のタイトルに組み込み、愛と苦しみが支配する私的な人生を、「ここにこそわれわれの庭園はある。この庭園をこそ熱心に掘り起こさなければならない」と肯定していた。卑小なる者たちの小さな庭から庭へと渡り歩く、どこにも存在しない庭師（jardinier）は、駄賃代わりに無責任な言葉と鬱憤を貰って、そのたびごとに膨れていくのだ。

超流動化

なぜ『ピュトア』などに言及しているのか。それは社会学者の清水幾太郎が『流言蜚語』の序文のなかで、「科学的研究ではないが、アナトール・フランス『聖母と軽業師』（岩波文庫）に収められている作品など或は有益かも知れぬ」と推薦しているからだ。『ピュトア』

は『聖母と軽業師』に収録されている。

では、なぜ清水幾太郎なのか？　それは注視者を考える上で、清水の評論「匿名の思想」が啓発的だと思うからだが、これを論じる前に、考えてみれば流言ほど流体的コミュニケーションが極まったものはない。

清水の『流言蜚語』は、関東大震災を筆頭とする大パニックのなかで、人間の理性がいかにもろく崩れるのか、不安や恐怖といった感情にいとも簡単に流されてしまうのか、言語環境の分析から論じたものだ。流言には責任感ある言葉など一切存在せず、匿名者たちの口伝えで、陰謀論やデマゴギーを伝播していく。ピュトアとはおそらく、清水が分析した言説の魑魅魍魎のアイコンでもあった。

ホールに従えば、文脈性が高まれば高まるほど明示的な言葉は不要のものとして斥けられ、コミュニケーションが流体化していく。阿吽化する。流言蜚語の現象が示唆しているのは、文脈を気にすることがなければ、つまり事前の約束事という制限がなければ、言葉は融通無碍な自由に過剰なほど開かれていく、ということだ。お喋りが止まらない。

どちらも流体的だが、役割の分節すらなくなるとき、枷のない言葉は超流動化して、お仕着せのコミュニケーションにとどまらない戯れのような多弁に転化する。○○さんが言っていたんだけど……、と冒頭につければ、あらゆる言葉に責任をとる必要はなくなる。彼は単に他人から聞いたことを報告しているだけなのだから。柳田国男は、昔話の定型、「昔々ある処に」という曖昧な冒頭や「あったとさ」という報告の語り口のなかに「責任のがれの口上」を読むが、このような言葉使いならば、少なくともペルソナの声を回避し、ひいては空気の支配から脱却するチャンスがあるのではないか。

世論こと潜在的輿論

清水幾太郎は、流言蜚語を「潜在的輿論《よろん》」の一つと考えている。これは無論、顕在的と対になる概念だ。顕在的とは、公に現れるオピニオン、声明、主張などの言葉の使い方だ。対して、潜在的の方は、公然のものとはならず、活字のような「自己」と呼べる本体をもたない、もっとうねうねした使い方を指す。

「潜在的輿論の方はこのように自己を実現することが出来ず、かえって可能の状態にとどまっているものであり、社会集団をその担荷者として持つものとして生きることなく、単なる個人を自己の場所として有するものである。これは公の存在でなく、私的な存在であ

る」（清水幾太郎『流言蜚語』第二部第一章）

混同されやすいが、佐藤卓己が注意を促すように、輿論と世論《せろん》は本来は異なる概念だ。輿論がパブリック・オピニオンと呼ばれる公論であるのに対し、世論はポピュラー・センチメント、人々の感情の集合体であり、たとえば内閣支持率などを統計で処理する世論調査は、輿論調査とはいえない。清水がここで述べている「潜在的輿論」とは、要は世論と呼ばれるべきものだ。

清水は公にならない潜在的輿論を「秘かに低声を以て伝えられる」ものだと指摘する。声は発されても響かない。ここにペルソナの声と大きく異なる特徴がある。それは職業柄、社会で求められる役割のもとで発される声ではない。もっと地味で、けれども個々人のたしかな情緒や願望と結びついた、呟きのような言葉なのだ。

誰もがみな思想家

一九四八（昭和二三）年に発表された「匿名の思想」は、まさしくその潜在性の次元で捉えられるべきものだ。

清水は思想と呼ぶべきものが、本来はある特権的な固有名に結びついた観念のシステムに限定されないものだ、と主張した。代表例としては、第一にはマルクス主義、ほかに進化論（ダーウィン、スペンサー）や実存主義（サルトル）などのことを思い浮かべればいい。固有名によって代表される思想の枠組みは、ときに学派や門徒というかたちで権威化されて受け継がれる。そして、その観念的体系は、より客観的なもの、汎用可能なもの、そして無謬なものへとバージョンアップしていく。

ただし、こういった客観性からはどうしてもこぼれ落ちてしまう、非合理な主観性が有象無象の群れのなかに残っている。合理的であれば客観化できるが、残滓《かす》のようなものがひっついている。それが「匿名の思想」であり、これは論文などよりも現実の日常的な行動のなかに表出しているものだ。

「行動のカーヴとの関係に想到するや否や、私は思想といふものに別の形式があることを思ひ出すのだ。私が思想家の名前と結びついた観念のシステムばかりに拘泥して来たのも、私が多くの人々と同じ誤謬に陥つて、無意識の裡に思想と行動とを切り離してゐたためであらう」（清水幾太郎「匿名の思想」第四章）

忙しい人間

行動のなかに活きる思想というものがある。朝起きて歯を磨く、満員電車に乗って出社、早速パソコンの画面に向かう、昼食を手早く済ませたと思ったら、思いがけないクレーム処理に手間どってしまい、気づけば外は真っ暗、晩飯は……まあコンビニでいいか。

清水が「吾々はもつと忙しい人間を、疲れた人間を考へねばならぬ」と書くとき、そこで示唆されているのは合理的思考の下で自分の行動を適切にコントロールする賢い知的存在ではなく、思慮が十分でないのに賭けや冒険に臨んだり、または反省を欠いたまま昔からの習慣だからというしょうもない理由で延々従ってしまう、非合理性である。

清水によればその要点は三つある。第一に、「国民の大部分がその日常生活のうちに於いて信じてゐるもの」。第二に、矛盾や背理など「論理的斉合」を損なっても構わず「一種の気持」として行動的に生きられているもの。そして最後に、一定の名称をもたず表面的な命名に意味はないこと。

このように「匿名の思想」は人々が日々実践している主観的な気分や心持ちのなかで息

づいているが、注意しておきたいのは、それが単に個人の信念にすぎないのではなく、「国民」に代表されるある集団性を帯びているということだ。つまり、清水が念頭においている「主観」とは、ある共同体の集団的主観性に通じている。たとえば、同論文にある「国民の行動のカーヴ」という言葉には、統計的処理から見えてくる集団的レヴェルでの統一性とその推移を読み込むことができるだろう。

声＝票にならない息遣い

その名も「庶民」と題された論文において、清水は国民とも臣民とも人民ともアクセントの異なる社会集団として、「庶民」概念を提出する。前者の一群は、国家や公的領域に結ばれるメンバーの名称であるが、「庶民」はそのような公的な結びつきを欠いている。必然的に、だからこそ彼らは一つの理念やメンバーシップによってくることのできない未組織の前近代的な群れでもある。要するに「匿名の思想」の担い手こそ、「庶民」と名づけることのできるものだ。

体系化された知識や固有名の下に成立するイズムを一切もたず、「一種の粘体のやうな思想」を原動力として日常生活を坦々とこなしていく一般人たち。「庶民といふのは、この匿名の思想を擔ふ無組織集団である」。だからこそ、「庶民は市井に投げ出されたままの人間」でもある。

吉本隆明ならば、これを「大衆の存在の原像」――通称「大衆の原像」――とでも呼ぶだろうが、興味深いことに、清水はこの思想を説明することの難しさを吐露しながらも、自分が体験した、ドイツ語での上手く話せない会話を例に挙げている。つまり、ドイツ語で語られるある論説を聞くと、一旦「然り」（Ja）と論を受け止めるものの、その実、完全に同意したわけでなく「然れども」（aber）と続けたく思う……のだが、外国語に通じていないため、この後が上手く出てこなくて言い淀んでしまう。外国語使用特有のモドカシサだ。

きちんと言語化できないモドカシサにこそ、ひそかに、にも拘らずあまねく仕方で共通に胸中に抱えているサイレント・マジョリティの思想がある。これは選挙に対する釈然としない心地にも通じる。

「多過ぎる選挙が行はれた。色々な政党から候補者が出た。庶民はその一人に向つてJaと言ひ、他の候補者に向つてNein〔否〕と言へばよいのである。だが政党には限りがあり、候補者にも限りがある。一人に向ってJaと言ふだけで、これに複雑な気持の全体を盛りこむことは出来ぬ。表現のしようのないaberが彼の心中に残る」（清水幾太郎「庶民」第六章、引用文中の〔〕は引用者による注記、以下同様）

投票における一票のことを英語でvoiceという。そう、声のヴォイスである。人々の声＝票を反映させることが選挙の目的だ。けれども、アレかコレかの政党や候補者の選択で、選挙民の意志を反映することがどれくらい可能なのか。「匿名の思想」が提起するのは、アレやコレ、イエスやノーの声にならない、或いは声の言い淀みとして漂う「aber」的な細かな息遣い（ため息や息詰まり）が残存するではないか、ということだ。現代、たとえば東浩紀が『一般意志2・0』で、インターネットから読める情報の履歴を、「無意識の欲望のパターン」として民主主義に活かそうと提案するのも、票にならない声なき声と政治的に対峙せねばならないと考えたからだ。

無言＝沈黙《サイレント》の人々もまた、息して生きている。そして、自己主張しない彼らだって「低声」でひそひそとお喋りくらいはするのである。

声の政治とは別の政治があるのかもしれない。それはペルソナを装着しない注視者だからできる、新しい政治なのではないか。「匿名の思想」を現代的に再解釈することで、無責任問題に新しい局面をもたらすことができるようにも思われる。

宇宙的連帯

一九三三（昭和八）年、若き清水は、東京帝国大学の社会学研究室の副手に就いたものの、指導教官の戸田貞三とうまく折り合いがつかず、教授職への希望を捨て一人の売文ジャーナリストとして大学を出る。家族の世話もしなければならない責任の重さに嫌気がさし、当時の彼は「宇宙的連帯」に身を任せたい願望を内に秘めていた。

「自分といふものの輪廓が邪魔になり、これに伴ふ責任が恐ろしかつた。私は、巨大なものへ融け込んで、自分の輪廓が失はれることだけを願つてゐた。宇宙的連帯といふ滑稽な言葉をつくり、これにわざわざ solidarité cosmique といふやうなフランス語を当てて、〔友人で心理学者の〕宮城音彌に笑はれた。〔中略〕自分をこの宇宙的連帯の中へ置いて見たかつたのだ。流れるままに流れさせたかつた。その流れの中で凡ゆる責任を免れたかつた。

危険な思想である」(清水幾太郎『私の読書と人生』)

戦時中唯一の長篇論文「現実の再建」では、すべてのものがすべてのものに関係しているること、「物が物を呼ぶ過程」の意として「宇宙的連帯」の語が用いられている。個人の輪郭が消えれば、当然、責任は雲散霧消していく。あたかも強い責任がインフレーションを起こすように。

清水は過去の継続のなかですべてが機械的に自動決定されていくかのような倦怠的気分のことを、「ノッペラポー」と呼ぶが、ノッペラボウはペルソナと違って対面の面をもたないから役割の責任に拘束されない。彼は息子でもなければ学生でもなく、勿論ジャーナリストでもない。~として、が発生しない。清水はこれを危険だというが、しかし「匿名の思想」は無責任だからこそ、圧倒的な軽さと柔らかさのなかで言葉を操ることができた。

復活の功利主義

たとえば安藤馨の統治功利主義は、そんな無責任な政治に関する一つの未来像を与えてくれているかもしれない。

ベンサム——最近はベンタムと表記されることも——を代表的論客とする古典的功利主義は元々、人類の幸福（快楽）最大化を目指すための数値化、計算可能性と極めて相性のいい思潮だったが、他の道徳哲学に圧されて長年日陰の立場に甘んじてきたきらいがある。安藤は『統治と功利』のなかで、功利主義の現代的復活を試みた。

統治功利主義は個人がなにをなすべきかを論じるのではなく、法や国家制度において幸福の最大化がいかに果たされるかを唯一の基準としている。そのため、人々の福利が約束されるのならば、リベラルな社会の常識、たとえば個人の権利や自律性といった根底的にみえる価値観を無視することも厭わない。そのとき大きな助力となるのが、被支配者だけでなく支配者さえ包み込んで、功利計算をこなす高度な統治技術である。

人格亡きあとのリベラリズム

「自動車のエンジンが酒気を帯びていれば起動しないメカニズム、脱税なき完全消費税を達成する貨幣の完全電子化など、行為主体の予期が無くとも望ましい行動を採らせることが可能な統治技術の発達は、予期と愛着＝共感を必要とする威嚇サンクションを無用ならしめ、その高い功利性ゆえに統治に於いて重要な意義を持ってきた「人格」をその地位から追いやることになるだろう。ここにいたっては、近代的な「個人」はもはや無用である」（安藤馨『統治と功利』第一〇章）

息のなかにふくまれるアルコール量を自動感知して車のエンジンがかからなくなるようなシステムがあれば、警官がわざわざ道路を監視しておく必要もないし、運転手の方も捕まって、あれこれ面倒な手続きをする必要もなくなる。

威嚇サンクションとは、パトロール中の警官がたまたま発見した脱法行為に罰を与えるような場面をイメージしておけばいい。自動的なシステムは、見つかったら怒られるかも、と予期する道徳的意識なしに、脱法行為を未然に防ぐことができる。逆にいえば、個々人が道徳や規範を内面にインストールする必要などまったくない。その手の教育も説教も、ことごとく捨てていい。努力しなくていい。

レッシグという憲法学者は、そのようなシステムのことを「アーキテクチャ」と呼んでいた。支配されていると気づくこともできない統治技術の全面化は、最終的には「人格」をもつ「個人」概念を放逐する力を獲得する。安藤はこれを「人格亡きあとのリベラリズム」と名づけている。正しい社会のためには、意識の高い倫理的主体や説教じみた道徳家、権利や義務の感覚にうるさいリベラリストはもはや要らない。大屋雄裕は、安藤の構想する人格の溶解した世界を、SF作家スタニスワフ・レムの作品に出てくる、知性をもった生命体としての惑星、「ソラリスの海」にたとえる。稲葉振一郎は「よき全体主義」と形容している。

みな満足できるのならば全体主義でなにが悪いのか？　人間以上に賢いシステムの包摂が完全なものとなったとき、人格は個々人の趣味程度のものとして捨て置かれ、ペルソナの声を響かせながら言論と行為によって現れるというアレント的政治観は大きな動揺を免れない。そのとき、ちゃんとした仮面をかぶれ、きちんと名を名乗れ、とバッシングを受けていた「匿名の思想」は、ざまあみろ、といわんばかりに、活き活きと息を吹き返すのかもしれない。

個人には、もはやなんの責任ももたず問われもせず――責任は常にシステムの方に――、非合理な感情に耽溺し、無責任な私事を呟いて、極論、誰とも会わずにひきこもって安逸に暮らせる理想郷が待っているのかもしれない。

putois の語感はどこか utopia に似ている。

第六章

正義と第三者

反省会

なので、注視者を知りたければ、清水幾太郎と安藤馨を読めばいい……わけないだろう。当然。

完全に道を間違えている。なぜこんなことになってしまったのか。

「匿名の思想」が、文脈性の高いペルソナを回避しているというのは本当だ。清水は、流言蜚語を噂話と峻別して、「噂話においては私的なことがやや公的に語られ、流言蜚語においては反対に最も公的なことが最も私的に語られる」と述べる。前者は個人的なことが少人数の範囲で短期間しかつづかないが、流言蜚語は「低声」にも拘らず、政治的なネタがフックになって社会の隅々まで駆け巡り、ときに伝説として語り継がれる。ユダヤ人が世界を征服しているだとか、人工地震装置で政府が意図的に災害を起こしているといった、都市伝説はその最たる例だ。ピュトア事件が起きたのは父母ら先行世代だったが、その息子たちまで肉づけされたピュトアの相貌を詳細に語れる。

けれども、決定的に誤っているように思われるのは、ペルソナという演劇道具を回避できたのだから空気の支配からも脱却できるだろう、という期待だった。とんでもない、むしろ共同体を統べる空気よりももっと漠然とした時代の空気に服従しているだけじゃないか。武田砂鉄はそれを「気配」と呼んでいるが、その言葉の軽さは端的に無責任すぎる。たしかに無責任の条件を求めてはいたが、さすがに度を越えている。

到来する新ファシズム

稲葉振一郎は安藤馨の統治功利主義を「よき全体主義」と形容していた。ここで思い出すのが、アレントの全体主義についての考察。『全体主義の起原』第三巻で、アレントは一九世紀の近代社会におけるどの階級からも落伍した者たちの寄せ集めでできた「モッブ」の登場を描写しつつ、ヨーロッパ生まれの全体主義の最初期の姿を「誰」的緊張が皆無な「没我性」や「匿名性」で特徴づけていた。

「大衆化した人間に特有の没我性はここで、匿名性への憧れとして、つまりはただの歯車として働きたい、一個の数としてだけ存在したい、要するに社会に組み込まれた明確な類型やお決まりの職務への自己同一化を一掃できる変化ならばなんであれ、という信念のな

かに現れた」（アレント『全体主義の起原』第三巻第一章第二節、訳文を若干変更した）

ナチスの歯車になったからといって責任能力を問えないわけではない。歯車理論をおさらいしつつ、巨大な匿名のうねりが「類型」や「職務」、つまりはペルソナを破壊し、「誰」露呈の契機を無に帰す、というのがおそらくはアレントの考えだ。

歯車こそ、歯車自身は「職務」だと思って回っているのではないか、という詮索は横においておくが、注意しておきたいのが、人間が「数」としてだけ捉えられたとき、計算可能性のなかに呑み込まれ、勘定の総体（＝全体）に組み込まれる一種のファシズムを発動させるということだ。ファシズムとは語源的にいえばファスケス（束）に由来している。

統治功利主義は、だから人間を束ねるときに生じうる無責任性に対して技術的システムの包囲を通じて問題の解決を目指した。説得的な見込みがないわけではない。だが、私たちが本来求めていたのはこれなのだろうか？　稲葉振一郎が「よき全体主義」に関して、被統治者は安楽に暮らせてハッピーかもしれないが統治者の側はそれで楽しいのか、統治者たちは少なくとも次世代の後継者育成にあってはシステムにお任せするのではなく面倒なコミュニケーションを繰り広げねばならないのではないか、という疑問もここに関係している。

梶原一騎＋辻なおき『タイガーマスク』第六巻（講談社漫画文庫）より

和辻＝アレント的なアドバイスを忘れてはいけない。人間は人と人の間でできている、という例のやつだ。

アイデンティティ・クライシスに懊悩するタイガーマスクは、懊悩のなか自身がノッペラボウになる悪夢を見るが、それは仮にペルソナを捨て去ったからといって、つまり間の緊張をなくしたからといって、本当の自分なるものが回復するわけではない、という困難を象徴している。ピュトアがそうだったように方々に四散した軽薄な言葉に自身を譲り渡していく。

責任＝応答可能性

高橋哲哉が、「観客」という訳語を採用しなかったのは、おそらく観客すら演劇モデルの一部をなしており、劇場の空気に縛られたすえ公平な判断ができなくなることを危惧したためだ。観客も客席にあって客と客の間に座り、感動的だとか、退屈だとか、眠たいとか、様々な感情や気分を共有している。暗くて互いの顔はよく見えないけれども。注視者とはだから、観客よりももっとずっと場から引き離された孤独な視点であるべきだった。声の政治でも息遣いの政治でもなく、いわば真空（＝脱空気）のような。

ところで、高橋は責任（responsibility）を、応答可能性、レスポンスできることとして理解していた。この定義は、アレントと並んで高橋が依拠していたエマニュエル・レヴィナスという哲学者が考えた倫理学において定義されていたものだった。

高橋によって理解されていたレヴィナス倫理学は、次のようなかたちを採る。人間の倫理の根源には、他者の「顔」がある。異邦人や寡婦や孤児といった弱者の「顔」に見つめられるとき、人は「汚辱」の意識のなかで自分の無辜を信じられなくなる。元慰安婦の証言は、物語的な歴史に安易に組み込まれない「顔」、別言すれば他者の他者性にほかならず、これに直面することで恥ずべき記憶の忘却に抗わねばならない。これが慰安婦問題に対して今日の日本人がとれる責任＝応答可能性である。

顔を見ると殺せない

顔こそ倫理の根本を司るという、レヴィナスの考え方は、宗教的意匠を巧みに凝らした複雑な文体をもち、かつ独特なターム同士が連関してそれぞれを定義づけているため、かなり難解なものになっている。彼のいう「顔」も、現実の身体部位の顔というよりも、きちんと把握できないもののたしかに暗示されている、その人のその人らしさ、そのかけがえなさを指す言葉として理解した方がいい。曰く、「だから、身体の全体、たとえば手や肩の曲線もまた、顔と同様に表出することができる」。

とはいえ、表面的ではあるものの、経験的に共感しやすい側面もないわけではない。軽い不法行為であれ、他者が目の前で見ていることを意識するとき、私たちには躊躇や良心の呵責が生じる。どんなに凶悪な犯罪を犯したとしても、その受刑者の顔を見ながら、彼を死刑に処すことは難しい。心的な負担を減らすためには、死刑囚の顔に覆いをかぶせる必要がある。

ここまで何度も世話になってきたアレントの語彙を再び拝借してみれば、レヴィナスは「何」を介することなく他者のユニークな「誰」（＝顔）と対面することができる……し、それを経ることによってこそ人間の責任や主体性が誕生するのだ、と考えた思想家だ。「何」はユニークな他者をユダヤ人や中年女性といった紋切型の分類パターンに押し詰めて理解してしまう暴力にほかならない。そういった共約可能な「何」の流通は、反対に、赤裸の「誰」との対面から事後的に生まれてこなければならない。

加藤の方がレヴィナス的？

高橋は、侵略戦争の謝罪ならばもうすんだじゃないか、と戦後責任をまっとうしない日本人のナショナリスティックな無責任を強く批判する。彼らのやっていることは犠牲者の顔に覆いをかぶせてすべて解決したと安堵する、正義にもとる恥知らずの行為だ。決して右翼とはいえない加藤典洋も、高橋の分類によれば、その種の無責任を助長する新しいナショナリストでしかない。

一方、加藤は高橋の理解するレヴィナスの他者論を、「自己を作るのは他者との出会いだ」と要約した上で、自分自身の考え方は「自己がなければ他者に会えない」と対置してみせた。「自己」先行の主張が、国民的主体性回復への問題意識とパラレルなのはいうまでもない。

自己（自国）から出発する限り、他者との齟齬や擦れ違いは避けられない。が、その差を介してこそ、他者の他者性を受け止められるのではないか。自己（自国）の歴史的なありようをよくよく吟味せず、誤りを回避するために、こうされたがっているに違いない、と他者の結論を先取りすることは、結局のところ他者をないがしろにすることと同義なのではないか。

後年の評価になるが、レヴィナスを専門とする思想家の内田樹は、レヴィナスを自論の強化のために用いた高橋ではなく、加藤の方に顔の倫理を認めた。

加藤が主張していることは、高橋が誤解しているように、身内の死者を贔屓して弔う、ということではない。悪い戦争に加担したという「汚れ」を消去することなく、しかしそれでもなお、彼ら死者と正面から対峙すること。つまり、加藤の処方箋とは具体的には、保守的なナショナリストのように死者を英霊として讃えることではなく、「死者が顔をもつこと」、内田の表現に従えば「血みどろの死者、死臭を放つ死者、肉と骨をもったまま死んだ人々のなまなましい死を、飾ることなく、ありのままに見つめることから始めよう」ということだった。

高橋はたしかにレヴィナスを上手く援用している。が、その理解はいささか偏っている、と内田はいう。レヴィナス的倫理は、共同体の暴力やナショナリズムの悪を厳しく問いただす「正義」によってだけで構築されているのではない。他者の顔は、「正義」の冷酷さとは反対に、対面する者にとって非暴力的な仕方で現れるからだ。

愛と正義の循環

内田が引用しているレヴィナスのテクストを引いてみよう。

「ラビ〔=ユダヤ教の説教者、指導者〕たちに言わせると、聖書のなかには一つ矛盾があります。ある聖句は「裁きを下す者は個人の顔を見てはならない」とあります。つまり裁き人は自分の前にいる者を見てはならず、その者の個別的な事情などを斟酌してはならない、というのです。裁き人から見れば、被告はたんに告発に責任を負うべきなにものかでしかないのです」（レヴィナス『暴力と聖性』）

正義の裁き、高橋的にいえばジャッジメントに臨むときに裁かれる者の顔を見てはいけない。死刑囚の顔に覆いをかける理由と一緒だ。見た途端、ジャッジメントの公平性が揺らぎ、（それが極悪人だったとしても）同情や躊躇が生まれてしまうからだ。

内田はこれを「慈愛の過剰」と呼んでいる。顔は愛の源泉で、愛は正義を鈍らせる。正義の敵だ。それなのに、そもそも論として、他者に愛を抱けないのならば、顔を無視してフェアプレイを大事とする正義は必要なくなる。誰がどうなったって構わない。

内田は高橋が慰安婦問題にコミットしていく理由を、歴史のなかで忘れ去られてしまうかもしれない慰安婦の「顔を直視してしまったから」、だから正義を要請しているのは高橋における「慈愛の過剰」であると洞察する。ならば、正義によって愛を追い払うべきではない。追い払ってしまえば、正義の足元こそがぐらついてしまう。翻って加藤の提言がふくみこんでいたように、悪しき日本兵士もまた、慈愛の源泉としての顔をもっているに違いない。

内田が解釈するレヴィナスの教えとは、煎じ詰めれば「慈愛と正義の終わりない循環」

にとどまれ、ということだ。オレが正しいのだからオレの言うことをきかない奴は悪い奴に決まっている！　限度を失った正しさは容易に暴力正当化の根拠に転じてしまう。正義が正しさの自家中毒に陥って暴走し、他者を（たとえ正当にであれ）冷酷に傷つけるとき、愛はこれに歯止めをかけなければならない。

悪い他者の顔を直視する。同情につられて、これはいけないと思い、目を背けてきちんと判断する。よし、大丈夫だ、今度こそ、と、再び顔に目をやると、やっぱりためらってしまう。どうにも決心が鈍ってしまい、困ったものだ。

正義と愛が目まぐるしく入れ替わるどっちつかずの複雑な他者経験こそ高橋的レヴィナスに欠落している勘所である、というのが内田の主張だ。

注視者と応答可能性は相性が悪い

整理すれば高橋はアレントに由来する注視者の発想を高く評価していた。その俯瞰した視点ならば、身内贔屓を止めて公平な態度で判断できる。

ただし、注視者の発想とレヴィナス倫理学は、普通に考えて、すこぶる相性が悪いもののはずだ。というのも、顔との対面のなかに責任の根源を認めるのならば、注視者は対面を避ける無責任な立ち位置といわなければならないからだ。

第一に注視者は、一対一の具体的な関係から遊離し、一歩引いた視点からことのなりゆきを静観する。第二に注視者は、ある個人に焦点化するのではなく、諸個人が織りなす騒動の——観客の比喩に頼れば舞台の——全体を見渡す。レヴィナスは全体性と無限を対照させ、全体＝総計のなかに消失しない他者の顔に、無限、決して汲み尽くされない他者の他者性を認める。注視者のいずれの特徴も、レヴィナス倫理学にとっては責任のトリガーになるに不足な他人事の感を免れない。注視者は応答のために必要な（？）声の主体でないことも付け加えておいてもいい。

一つの主張のなかで、アレントの注視者とレヴィナスの応答可能性、この二つを同時に抱きかかえこむのは、実は至難の業であったようにみえる。

人称的対面性は正義を毀損させる

だからこそ、高橋の『戦後責任論』が刊行された一九九九年、これと同年に世に出た井上達夫『他者への自由』のなかで、まさしくレヴィナスの急所として注視者的公平性の欠如が読まれていたことは改めて注目していい。

井上は、個人の自由を侵さないのならば互いに干渉しなくてもやむなし、とする消極的なリベラリズムを斥け、本当のリベラリズムは正義主義とでも訳すべき積極性を身につけていると主張する。これを「逞しきリベラリズム」という。

たとえば、自分は男性である、会社員である、と安堵するアイデンティティの自由を確保するだけのリベラリズムははなはだひ弱なもので、正義の本義を全うすることができない。鍛えられたリベラリズムは、その解釈を自分と異にする他者と出会うことによって、狭い自己中心性を瓦解し、常なる相対化を命じている。主体との同化を免れ、反対に主体を審問しつづけるレヴィナスの絶対的他者論には、そういったリベラリズム更新のヒントがある。

とりわけ、レヴィナスによれば、「正義とは他者のうちにわが師を認めることである」。倫理的な正しさは常に他者の方にあり、それを前にして、主体は非対称的な仕方で自らの自由を終わることなく審問するほかない。他者に宿る正義を介して自分の好き勝手な自由を自ら裁くとき、通俗的リベラリズムとは一味も二味も異なる、鍛えられたリベラリズムが結実する。

けれども、リベラリズムにとって看過できない特徴もレヴィナスにはある。レヴィナスの「顔」を「人称的対面性」とパラフレーズした井上は、そこに不満を抱く。つまり、顔への執着こそが対面していない他者への倫理的配慮の欠如を生み出してしまう、という問題だ。井上は、目の前の他者優先という残酷さ、に無関心ではいられない。

「私の大切な他者たる〈あなた〉に自己犠牲を厭わぬ配慮が払われる陰で、私と没交渉に生きる無数の他者が忘却の淵に追いやられる。かけがえのない唯一者として特権化された〈あなた〉への配慮のコストが、忘却された無数の他者、すなわち公衆に転嫁されることさえ起こりえよう。レヴィナスの主張に反して、人称的対面性への固執こそが、見えない他者を「欠席裁判で裁く」ことになるのである」（井上達夫『他者への自由』第三部第七章）

顔を見ないからこそ、目の前の人に気取られない普遍的な正義の原理に従うことができる。正しさを決める法の天秤、目隠しした正義の女神ディケーの審判は、○○さんだから、という属人性で判断を下すのではなく、裁くべき行為を抽出して、一種、杓子定規に従って判断せねばならない。

井上も高橋と同様、レヴィナス哲学の肝ともいえる顔の直視を、ある段階で避けようとする。内田のレヴィナス観では、井上にもまた愛の契機がなくなっている。いやいや、井上からすれば、愛こそが厄介なのだ、と応えるところか。対面で生じる愛は依怙贔屓に代表される不平等な取り扱いを是認してしまう。そのときリベラリズムを基礎づける正義の普遍性は、個体への愛のもとに裏切られるのだ。

顔に潜む第三者

ご推察の通り、注視者は正義（justice）という概念と隣り合っている。そして、愛との循環が明示するように、レヴィナスにも正義概念があり、それは第三者というさらなる概念の結びつきと深く関わっている。

他者の顔との対面関係を重視するレヴィナス倫理学にとって、第三者が二者関係に収まらない不穏な予兆をもっていることは想像に難くない。ただし、主著『全体性と無限』においては、それは「第三者が、他者の眼のなかで私を見つめている」と、対面のなかに組み込まれることによって、表面的な動揺を回避している。

そもそも、レヴィナスは他者に対する反応と責任＝応答を区別していた。なぜなら、「応答は「私たちのあいだ」にはとどまることができないからである」。

アタシと仕事、どっちが大事なの？　もちろんキミに決まっているだろ、と応える。その直後、ケータイが鳴って、部長から企画書の完成をせっつかれ、来週の頭にはなんとか、と応じる。間柄の中で振る舞いが完結している。「私たちのあいだ」にとどまっている。これらは単なる反応にすぎない。

けれども、倫理的応答はこういった反応とは異なる。道を歩いていると、ホームレスの男が残飯を漁っている。偶然、彼と目が合ってしまい、バツが悪くて早足でその場から逃げてしまう。そこには自分とホームレス以外、誰もいなかった……が、にも拘らず、自分の行動はあれで正しかったのかどうか自問してしまう。妙な罪悪感が拭えない。

普遍に問いかける

ここにおいて、自問や罪悪感は、反応を超えて、責任＝応答と呼ばれるに相応しいものになっている。私とホームレスの対面は単に「私たちのあいだ」で終わるものではなく、ホームレスを通じて、貧しき者に対していかに振る舞うべきか、という万人に関係する普遍的次元が立ち上がっているからだ。これをレヴィナスは平等性という概念を仲介することで説明している。

「貧者、異邦人は平等なものとして現前する。その本質的な貧しさにおいて、彼らの平等性 égalité は第三者を参照することで成立している。すなわち、第三者は出会いに居あわせ、〈他者〉は悲惨のただなかにおいてすでに第三者につかえているのである」（レヴィナス『全体性と無限』第三部B、若干訳を変えた）

ここで言及されている「第三者」が、具体的なあれこれの彼や彼女のことを指していないことに注意しておきたい。この「第三者」は、対面のなかで働く潜在的な局外者に等しく、「すべての人間」が圧縮された人類の代表のようなものだ。だから、あの人よりもこの人といった贔屓を解除する平等性へと通じている。しかも、驚くべきことにこの局外者は、具体的で代替不能な他者の顔のなかに宿っているのだ。

他者の他者の他者の

もし顔のなかで働く第三者という発想が分かりにくければ、大澤真幸が解説している、貨幣を介した売り買いのなかで現れる「第三者の審級」の議論を参考にしてもよい。

普通に考えて貨幣を手元に置いておくことは危険なことだ。なぜならば、その実態は貝殻や金属片や紙きれといったそれ自体での使い道がないものだからだ。貨幣が価値を帯びるのは、目の前の他者が売っている商品と交換できるときだけ。では、その売り手はどうしてわざわざ本来は危険なはずの貨幣なんぞを受け取ってくれるのか？　勿論、他者の他者が同じく貨幣を受け取るだろうと信じているからだ。では、他者の他者の他者は？……以下、無限につづく。

つまり、貨幣による交換が可能になるには「コミュニケーションそのものに直接に参与せずに、しかしその可能性の条件を提供しているという意味で、超越的な第三者として機能している」不在者が二者関係のなかに介在せねばならないはずだ。

潜在的第三者は決して顕在化することなく、他者の他者の他者の……という無限の構造を対面のなかに組み込む。この仕掛けのおかげで、レヴィナスは対面関係を崩すことなく、二者の狭さを超えていく第三者を自身の倫理学に組み込むことができたように思われる。

二重化する第三者

誰でもない第三者が正義に通じている。匿名の悪口がインターネットで跋扈する現代を生きる私たちにとっては意想外に響くかもしれない。だが、井上が見抜いていたように、正義は依怙贔屓を禁じる平等性を担わねばならないのだから、特定の誰かに依拠する正しさはただちに不等＝不当なものに堕してしまうだろう。『全体性と無限』のレヴィナスは、とりあえず顔のなかに第三者を封じて込めておくことで、顔と正義を一致させることができた。

が、後年、第二の主著である『存在の彼方へ』（原題は『存在するとは別の仕方で あるいは存在することの彼方へ』）での概念の布置はもう少し複雑な変容を遂げている。

第一に、顔のなかに潜む第三者を、ここでは「彼性 illéité」という言葉で呼んでいる。フランス語の il（彼）とラテン語の ille（それ）を元にしたレヴィナスの造語である。これに加え、相変わらず「第三者」という言葉も用いられているが、その内実は『全体性と無限』とは異なる。いわば第三者概念が二重化しているのだ。

では、新たに構えられた「第三者」とはなにか。こちらの方が常識的に理解しやすい。つまり、フェース・トゥー・フェースの二者関係にあって、それに加えて実際に顔を突き合わせている者、第三の人間(たち)のことだ。そして、レヴィナスは今度はこの「第三の人間によって正義が始まる」と、新しく定義づけされた第三者に正義の根拠を求める。

顔が顔であることをやめるとき

ホームレスを無視して逃げた。二つの道がある。この私がほかの誰でもないあのホームレスに対して責任があると感じてしまう道と、ホームレス問題という社会的不正を放置してはならないと問題提起する道だ。内田的にいえば、愛の道と正義の道と言い換えてもいい。この二つは相互依存的に深く関係しているが、解決のレヴェルを異にしている点で峻別せねばならない。愛の道はホームレスの顔を見た私の有責性が問われているのに対して、正義の道は個々のホームレスに拘泥しない、より一般的な社会的責任が問われている。正義は近さを均して他者を等間隔に置き直し、彼らを社会問題に仕立て上げる。

「第三者との関係はこのような近さの非対称性の絶えざる匡正《きょうせい》であり、この匡正によって、顔は顔であることをやめる。第三者との関係のうちには、計量が、思考が、客体化が、ひいては停止が存在しているのだが、そこでは、彼性と私との無起源的な関係が裏切られると共に、私たちの前にこの関係が翻訳される」（レヴィナス『存在の彼方へ』第五章第三節）

顔を通じた第三者（彼性）は、現実の第三の人間と、原本と翻訳のアナロジーで捉えていい関連をもっていたようだ。顔が与える他者の他者の……という潜在的な無限構造は、複数人が隣接する実際の日常生活の場面で実現している。

複数の顔を目の前にするとき、一対一のときとは違って、ある顔がもつ圧倒的なプレッシャーはずっとやわらぎ、反対に誰かの贔屓になってはいけないというフェアネスの精神が点火される。たとえば、見かけたホームレスが一人ならば、彼を見た私は自分の責任を痛感するかもしれない。しかし、発見したのがホームレスの大群だったらどうか。私は私の責任というよりも、社会正義の立場からこの光景に憤りを覚えるだろう。レヴィナスがいいたいのは、本来はこのどちらともが他者の顔のなかにつづめられているのだが、第三の人間が隣接していた場合は、正義は顔の一時停止を命じる、ということだ。

他者の政治的選択

二種の第三者概念のどちらか一方をとる必然性はもしかしたらないのかもしれない。ただし複数の顔が同時に現前したとき、ある責任に応えることで別の責任に応えない、という他者の政治的選択が不可避的に生じてしまうのではないか、という疑問は残る。イタリアの哲学者、ロベルト・エスポジトは明確に、レヴィナスによる「「内的な」第三者と「外的な」第三者とのあいだ」の「論理的な両立可能性」は失敗していると読んでいる。

たとえば、内田は高橋の立論に関して、「二種類の「他者」がいる。「侵略者である兵士たち」と「アジアの死者たち」である」と整理するが、歴史主体論争では、どちらの他者に先んじて責任を示すべきかが大きな論点として争われてもいた。加藤は日本の統一性を整えるために日本兵士の哀悼を優先させたが、高橋にとってそのことこそが他者を無視し日本を贔屓する隠れナショナリストの証拠にほかならない。そもそも、顔同士を比較考量の俎板に乗せることが、レヴィナスにとっては顔に覆いをかける所業でもあった。

論争とは別の著作『デリダ』で、高橋は責任がもっているパラドックスを、「絶対的責任と倫理的責任との矛盾、唯一絶対の「まったき他者」に応える責任と他の他者たちに応える責任とのあいだの解消不可能なダブル・バインド」と説明していた。レヴィナスは「まったき他者」への絶対的責任からより一般化可能な倫理（正義）を導出するが、隣接する第三者を導入することは、そのダブル・バインドをより露骨に浮かび上がらせることになる。

どの顔に対面してしまうのか、しばしば自分の意志で選択したわけではないにも拘らず、その順位自体がある責任を歪ませ、ただちに政治的な主張や立場の偏りに回収される。他者が増えたおかげで、もしかしたら包括的な倫理説を手に入れることができたのかもしれないが、そのせいで他者同士の調整もまことに厄介なことに。さてはていったい誰の顔を立てていいのやら。

彼性とイリア

とはいえ、間違えた道よりも、ずっとましな方へと進んでいる気がする。

エスポジトが示唆していたように、レヴィナスの初期からの重要なタームの一つに、イリア（il y a）というものがあった。英訳すれば、there is（are）〜のこと。つまり、なにかが「ある」ことを表現するときに用いる定型的な言い回しだ。

その名も「ある」という論考で、レヴィナスは、なんだか分からないけれども、依然として「ある」としかいいようのない不定形な存在をイリアと呼ぶ。それは、名詞としてくることのできない、つまり名づけることのできない存在それ自体の喧騒だ。「「何かが生じる」の無規定性は、非人称構文における三人称の代名詞のように、不分明な動作主をではなく、いわば動作主をもたない匿名の行為を指している」。

清水幾太郎ならば「宇宙的連帯」とでも呼ぶだろうが、それ以上に、レヴィナスの後のタームにおいて彼性（illéité）という語が誕生することを知っている読み手ならば、意外に思っても無理はない。というのも、どちらも il で成り立つ概念でありつつも、彼性が普遍的な正義への道を開くのに対し、イリアは、責任主体を欠いた悪の塊だからだ。レヴィナスはあるインタビューで「他人に対する責任、他者に対する存在が、存在の匿名的で無分別なざわめきを止めるように思えた」と回想している。正反対な概念といってもいい。

とはいえ、この二つの il は使い方が違う。il とは、英語でいう三人称単数の he と同じものだが、イリアにおいて念頭におかれている用法は一般に非人称の il と呼ばれ、主語ならざる主語として機能する。

フランス語で《雨が降っている》は《Il pleut》という。pleut とは動詞 pleuvoir（雨が降る）の変化形。ここでの Il は具体的な人称——私・君・彼——を指しているのではなく、構文上での空虚な主語の役目だけを果たしている。これが非人称の il であり、イリアとは、《イル（il）がそこで（y）持つ（a＝動詞 avoir の変化形）》という定型句だ。

彼性の il は三人称としての il であり、非人称とは異なる。彼の次元が愛の二者関係のなかに正義を導入する。もし無責任な非人称が他者の顔を通じて正義の三人称へと変転するのならば、ここにはある責任を解除することで到達できる正義としての無責任が、注視者だから許される無責任が示唆されているのではないか。

第七章

そしてヴェールへ

素顔という仮面

佐藤真理恵『仮象のオリュンポス』は、古代ギリシャのプロソポンという不思議な概念の用法を様々な史料のなかで比較検討している。これは第一義に顔を意味する言葉だが、第二義に仮面の意味をもつ。が、これは奇妙なことだ。仮面とはそもそも顔を隠すものではなかったのか。

とりわけ、裸形の顔を強調するレヴィナスにとっては、顔が仮面だなんてとんでもない。だからこそ、責任主体は「仮面を打ち棄てる」のだし、「責任を劇のうえでの役に変容することなしには、誰も私の代わりになることはできない」という上演＝表象に対する注釈もつく。代替可能な責任はレヴィナス倫理学からすれば邪道もいいところ。

けれども、合田正人がいうように、裸の顔を語るレヴィナスが、「貧者、孤児、寡婦、師」といったいくつかの類型的なイメージを用いるとき、そこにはなんらかのイメージのなかで出会わざるをえない顔をなかば認めているようにも思われる。アレントは「何」を介して「誰」と出会うと考えた。対してレヴィナスは「誰」のあとで「何」が意味をもつと考えた。が、他者は、貧者として、師匠として、現れる……のならば、両者の距離は思ったほど遠くないのかもしれない。

往々にして私たちは他者の顔を見ていると高をくくりながら、その実、日本人や女性やフリーターの仮面を見ているにすぎない。

無限責任

日本人が海外でテロリストの人質になるとさかんに自己責任論が叫ばれる。ほっておけ、オレたちの知ったことではない。他方、甲子園球児の不祥事が発覚するとそのチームもろともが不出場になる連帯責任が発動する。多くのメンバーは別に悪いことしていないのに！

私たちはもう、このどちらかを選ぶべきだ、といった牧歌的な選択肢の前に立ってはいない。自己責任にしろ、連帯責任にしろ、帰責の操作の背後で意図的な、いや、ときに役割分担の分節から不可避的に要求される責任転嫁が生じてしまう。

責任逃れを正当化するための材料はその気になれば無限に探し出すことができるし、実際ときにそれはもっともらしくもある。ある母親がわが子を虐待したとして、彼女の生育環境が圧倒的な暴力に満ちていたことを知ったとき、私たちはその責任を、なんの躊躇もなく彼女にのみ押しつけることができるだろうか？

逃げ去りやすい責任を手放さないため、レヴィナスは逆転の発想でもって切り抜けた。つまり、転嫁するのは結構だけれども、責任をただただ一方的に引き受けることによってのみ人間は人間らしくなれる、本当の意味での主体になれるのだよ、と。つまり、人間の犯した行為に責任を問うのではなく、人間の条件として責任を考えたのだ。

だからレヴィナスのいう責任とは、かなり厳しいもの、「責任が引き受けられれば引き受けられるほどに、責任が増大してゆく」借金地獄のような負債、完遂しない応答可能性のことをいう。無限責任は、この世界のすべてを背負おうとする。

彼がよく好んで引用するドストエフスキー『カラマーゾフの兄弟』の言葉でいえば、「私たちはみな、すべての人に対して、あらゆる面ですべてのものごとに対して罪を負っているのですが、なかでもいちばん罪深いのはこの私です」という驚きの告白をしなければならない。このような宗教的なまでに洗練された自意識過剰こそ、責任なるものの根底をなしている。

パスゲームを断ち切る極論

一見極論のようにもみえるレヴィナスの立論は、しかし責任がもっている特有の終わりなさにたしかに触れている。自分の行為が起こした、ある過失の責任を、たとえば丁寧な説明、謝罪、賠償といった仕方で果たしたとして、なに食わぬ顔で、これにてお役御免、と開き直ることには、どこか無責任な響きがある。あらかじめ責任の範囲を区切ること、責任を単なるタスクの遂行に還元することには、なぜか抵抗感が生じてしまう。

「他人の苦しみ、他人の苦しみに対する私の憐れみ、他人の苦しみに対する私の憐みゆえに他人が覚える心苦しさ、他人が覚える心苦しさゆえに私が覚える心苦しさ……。このような渦巻は私のところで停止する。こうしたくり返しがどれほどつづこうとも、つねに他人より一つ多く動く者、それが私である」（レヴィナス『存在の彼方へ』註二一）

責任には非対称性がつきまとう。我が子が殺人鬼に殺されたとして、殺した彼が改心して後悔に至り、ついには自死さえも願っていることを聞いたとき、子供を殺された親にはその犯罪者に対する責任がある……と三人称で語ることはできないけれども、ただそこに生起するかもしれないあまりに常識外れで法外な応答にレヴィナスの興味がある。

高橋哲哉がこのような厳しさに魅せられていることは明らかだ。しかも、アレもコレもほかならぬこの私のせい、と責任を無節操に請け負っていくレヴィナス的責任論ならば、転嫁のパスゲームを断ち切って、「無責任の体系」も責任のインフレも、たしかに止めることができるように思われる。

シューカツと裏アカ

アレントの注視者とレヴィナスの責任＝応答可能性を同時に抱きかかえることの困難には既に触れたが、とはいえ、両者には重要な共通点がある。つまり、ペルソナが統べる世界から遠く離れて、間柄がなく文脈を共有せず一緒の空気を吸っていなくても、それでも可能な倫理への期待である。

朝井リョウに『何者』という就職活動《シューカツ》を題材にした小説がある。ずっと演劇サークルに熱を入れていたが挫折を味わい、就活浪人をしている二宮拓人を主人公に構え、同級生でしかもルームシェアの同居人である光太郎、光太郎の元恋人で拓人がひそかに憧れていた瑞月、就活に意欲的な理香、理香の恋人でマイペースな隆良など個性豊かな大学生たちの自意識の空回りを描いたテクストだ。冒頭は次のように始まる。

「ドン、と、誰かの肩が当たって、リズムが崩れた。曲のテンポの波から外れた自分の体は、光太郎の歌声が作り出す空間そのものからポンと押し出されてしまったようだ。そのとたん、ライブハウスなんていう全く似合わない場所にいることを誰かに見つけられた気がして、急に恥ずかしくなる」（朝井リョウ『何者』第一章）

拓人は音楽バンドをやっていた光太郎の引退ライブを見物するためライブハウスに足を運ぶ。お分かりの通り、既に冒頭で二つの匿名的な「誰か」に翻弄される主人公の姿が示される。第一に、有象無象の観客のうちの「誰か」。この「誰か」のアクシデンタルな衝突によって、拓人は舞台と客席との一体感をつなぐ「リズム」（＝ノリ）から梯子を外されて、冷めた傍観者としての孤独を押しつけられる。

その途端、第二の「誰か」が心のなかに現れて、自分らしさと自分が立っている場所とのチグハグさ、場違いに関する自己反省を促してくる。柄じゃないでしょ？　キャラじゃないでしょ？　恥ずかしくないの？　勿論、この二番目の「誰か」にはなんの実在性もない。若者の自意識過剰の妄想にすぎない。が、拓人はこの二番目の「誰か」にとり憑かれ、その匿名人とやがて一体になっていくような末路を辿る。

つまり、光太郎ふくめ就活仲間と表面上では体裁の整ったコミュニケーションをこなしていくものの、その実、関係を危うくさせかねない辛辣なツッコミ、うっかり表に出せないような本音、たとえば「サークルの人たちに愛されているのは伝わるけど内輪な空気の中で酔っているような印象」などの批評は、すべてSNSの匿名アカウント（裏アカ）、その名も「何者」のもと、インターネットの海へと放流していくのだ。

就活生とフリーターは似たもの同士

内定が決まらないで内心ではかなり焦っている拓人は、仲間が次々に就職先を決めていくのを傍目に、いよいよやっかみにも似た感情を「何者」へとぶつけていく。

けれども、終盤、裏アカの正体を理香に見抜かれていた事実に直面し、拓人は激しく動揺する。「自分の観察と分析はサイコーに鋭いって思ってるもんね。どうせ、たまに読み返したりしてるんでしょ？　あんたにとってあのアカウントはあったかいふとんみたいなもんなんだよ。精神安定剤、手放せるわけないもんね」。

観察者が観察されていた。批評家が批評される。周囲を見渡し見下ろす仮構した高位の視点は、理香というもう一人の観察者の登場によって脆くも転落する。理香に詰問されるなか、拓人は「言葉は、喉から飛び出す前に死んでしまった」、「息ができない」、「言葉は声にならない」と、声と息遣いが統べる空気から撤退して自分自身と、つまりは自分の「何者」と対峙する。自分が「誰」なのか考える。

小説の末尾では、拓人が自分の実名と顔を出して、どうやら合格の見込みが薄そうなシューカツの面接に答えている。匿名的で無責任な言葉が社会の大きな現実にお灸をすえられ改心して人生の責任に目覚める勧善懲悪？　匿名から実名へ。ノッペラボウから顔へ。そのような余韻を残して物語は終幕する。

赤木智弘は三〇代フリーターの「何者」でもなさに大きな不満を覚えていた。この小説は、赤木の不満を不安の気分として継続する新世代たちのペルソナ闘争劇として読まなければならない。フリーターでいいじゃないか、なんて呑気な話。拓人たちの不安の先には赤木の呻きが予感されている。職業的役割の獲得を前後とし、就活生とフリーターはおのがポンコツの仮面の、同じ惨めさのなかでもがいている。立派な仮面はすべて社会人（正社員）が独占している。もっと他人に認められる仮面が欲しい。

対面から斜面へ

けれども、世代を異にする両者の言説に、似たもの同士を看取するとき、そこには高橋＝アレント的な注視者に忠実かどうかは別にしても、新たな注視が「声が作り出す空間そのものからポンと押し出されてしまった」かのように働いている……というよりも、働かせている。いままさに、この文章を読むことで働かせている。それは、この本のここまでの方法とも深く結ばれている。

どういうことか。

間柄からも文脈からも空気からも逃れることはできない。人間は人と人の間の外で生きることはできない。うまくすり抜けたと思った瞬間、もっと大きな空気に囚われている。しかし、ペルソナは少し角度を変えただけで別の相貌をもっている。教師は生徒によって教師になると同時に同僚や保護者の前でも教師として振る舞う。同じ教師の仮面が別の角度のもと微妙に変容しつつ同じものとしてつくり直される。そして、まったく異なるように思えた仮面同士にも新たな結節を見出すことが、つまり新たな文脈のなかに置き直すことができる。脱文脈化し再文脈化する。

いささか軽薄な出版文化は、内容的にあまり変わり映えのしない言説をただ表面的なパッケージを交代しただけで激しく使い回していく（個人主義の失敗とその可能性）。が、それらを角度を変えた観察の蓄積と解するならば、角度の差で見えてくるものには豊かなものがある。論争を時間的に引き延ばした仕方で吟味するとき、当事者自身も気づかなかったような別の文脈が発掘され、ときに創出することができる。本書の道のりはその実践でもある。

注視者による静観は、そこにふくまれていたペルソナを別の角度から眺め直す斜面的契機を強調することで再解釈されるべきだ。少し角度を変えること、角度を変えるために観劇の位置をずらすこと。ずれた位置が正しい視点だから移動するのではない。ずれによって生じる差が、自分のペルソナを、ひいては他人のペルソナを、絶対のものとしない正義に接近するからだ。

真正面に並ぶのではなく斜めから見なければならない。それは割り当てられた役割に従属することで、自分は自分の責任は果たしている、という大義名分でもって、別の重要な責任に知らぬ存ぜぬを決めこむ仮面体制の不調を再点検することに通じている。単なる歯車のように動くのではなく、役割がユニークな他者に出会うための通路でありつづけるために、仮面は所詮は数あるなかの仮面にすぎない、といつも自分用に改め直されなければならない。まさに面テナンス。

そのとき、自分自身をフリーターや就活生として縛っていた一個の強固なペルソナは、もっと薄くて柔らかい紗のようなものに交代するだろう。「何者」と対峙した拓人のように「息ができな」く「声にならない」のに、それでもなお、言葉を頼りにしようとすること。場のテンポとずれながら、その差を冷笑的な批評に奪われないこと。声を響かせるのでもなく、お喋りに興じるのでもなく。それをこの本ではヴェールと呼んでみたい。

ロールズのヴェール

ヴェールの語はアメリカの政治哲学者、ジョン・ロールズ『正義論』にある「無知のヴェール」から採った。なぜロールズなのか。それは、高橋に身内贔屓を批判させ、井上に不在の他者への不正を論じさせる、正義の立場をロールズという思想家は代表しているからだ。

ロールズは現代正義論、そしてリベラリズムの中核的な考え方を提出した。井上の「逞しきリベラリズム」は直接にロールズ哲学の改釈によって成り立っている。

公平無私という言い回しがある。ロールズが考案したのは、その無私性を高度に抽象化することで誰もが納得できる正義の原理に到達できるだろう、という普遍的な推論の道筋である。想像してみて欲しい。自分の境遇、階級、社会的身分、性別、さらには資産や知的肉体的能力や心理的傾向を知らない、という前提で、それでもイエスといえる社会のルールを書くにはどうしたらいいか。

その答えは、自分がくじ引きでそれら属性のどれかを引き受けることになったとしても、それでもまったく構わないだろう仕方で、種々の可能性を考慮にいれながら、それでも誰にとってもフェアーになるものを選ぶべきだ。これが「公正としての正義」であり、「無知のヴェール」とは、現在の自分を統べる属性をいったん無きものにして社会のゼロ地点から公正な世界を考えてみるための思考実験道具だ。

ヴェールはコミュニケーションにおいて不可避に思えた文脈を無視し、出会ったこともないような他者との交換可能性に晒される。マイケル・サンデルはここに共同体の伝統を無視するロールズの「個人主義的な偏見」を読むが、それは間違っている。ヴェールは自分の（肉体的であれ人格的であれ）アイデンティティに関する「情報の制限」を命じはするが、それはアイデンティティの否定を意味するのではない。そうではなく、知らない（＝無知）という仮定の下で取り扱ってみましょう、というだけの話だ。自分の属す共同体を大切にしても、初期設定さえ守れば、ヴェールの主体にとっては痛くもかゆくもない。

不明の「何」

アレントの語彙で考えてみる。アレントにとって神秘的なヴェールに隠されていたのは、「何」ではなく「誰」の方だった。「誰」は、公的領域において他者に対してしか明かされず、自分が直接に知ることはかなわなかった。対して、「何」は他人からは勿論のこと、男であるとか教師であるとか、簡単に自覚することができるものだ。だからこそ、その共通項を迂回することでコミュニケーションの糸口になり、ひいては「誰」召喚の前座として働いた。

しかし、ロールズが用いたヴェールは、「誰」ではなく「何」の方に無知の制約を課そうとする。端から「誰」を出発点として構わない。ただし、そこにどんな「何」が付随してくるかは分からない。純粋（ではあるがその内実が不明なまま）の極めて人工的な「誰」設定が「無知のヴェール」最大の発明である。

アレントを逆転させたような思考の道筋を用いて、ここで企図されているのは、「何」から「誰」を約束するはずのペルソナが、いつのまにか機能停止して無責任の単なる言い訳に使われてしまうその一歩手前で、先んじて、文脈に浸透されたがんじがらめの「何」から離脱することで、新たな角度からの展望を調達しようとするところにある。

自分と自分の間

自身を構成する「何」は確認するまでもなく確実に存在する。けれども、その内実が明らかではない。アレかもしれないしコレかもしれない。医者かもしれないしフリーターかもしれないし教師かもしれないし就活生かもしれない。郵便局員かもしれないし女性かもしれないしアイヌかもしれないし貧者かもしれない。ヴェールの当事者は「人間社会に関する一般的な事実を知っている」。そして、ああなればこう、こうなればああ、はたまた思いもよらない事故に出くわすかもしれない、と推理するための思考能力を失ってもいない。ただ、自分が「何」なのかを知らないだけなのだ。

強調しておけば、ここでは現実の他者とのコミュニケーションは一切存在しない。社会の仮想的なゼロ地点、ロールズのいう「原初状態」は、他者と討論したり貴重なアドバイスをもらって公正なルールが決まる、という発想でつくられているのではない。ヴェール越しの世界は、社会正義を求める孤独な理論家が、あくまで自分の脳内で行っているシミュレーションなのだ。

公的領域での関係性を、アレントは「人間関係のウェブ」、そして「間にあること＝利害関心 inter-est」と表現していた。他方、ロールズにおいて、ヴェール越しの世界で暮らさねばならない当事者は、「相互に没利害的 mutually disinterested」であるという。この制約が含意しているのは、他者の利害が自分の利害に相関すること（を意識すること）を許せば、自分の取り分を確保するために足の引っ張り合いをする嫉妬深い人間や、不幸な者に過度に同情的で自らをなげうってまで奉仕してしまうような聖人……といった偏った主体を、正義のモデル化のための模範として採用せねばならず、それでは普遍的な理論構築にならないからやめるべきだ、ということだ。

とはいえ、決して inter-est そのものがなくなるわけではない。ロールズは彼らに「自己の利害関心 the interests of a self」を認めている。いわば我儘でよい。が、その「我」

なるものが他者との交換可能性に晒されるのだとしたら、それは結局、他人を出し抜くようなエゴイズムの挫折を痛感することになるだろう。ヴェール越しの世界に他者はいない。ウェブは断ち切らなければならない。けれども、他者不在の空間においてこそ視角の転回が期待できるのだ。

第八章

楽しいテクスト論

達観の条件

ペルソナからヴェールへ。果たしてこの提案にどれほどの説得力があるだろうか。もしこれが、頑張って自立した個人になれ、というアドバイスと同じくらい空虚な理想論ならば、新しい説教が増えただけで、なんの実効性もないのではないか。

たとえば、こういう批判はどうだろうか。ロールズのヴェールは、「利害関心＝間にあること」の外に出ること、つまりdis-interestによって個々具体の状況に左右されない公平な判断が下せると考えた。アレントの注視者も「没利害性＝間にないこと disinterestedness」が歴史全体の評価を下すための重要な要件だった。が、フランスの社会学者、ピエール・ブルデューは、普遍的な価値を目指す芸術家や理論家が好むそのような「無私無欲＝没利害的なもの＝間にないこと désintéressement」の態度には特有の階級性が刻まれている、と考えた。

間にないということは、隣の同類連中によって小突かれたり彼らを気負ったりしないでいい、一つ上の俯瞰地点にいるということだ。が、誰しもがそのような達観した態度をとれるわけではない、そこに至るには特別な訓練が必要なのだ、とブルデューはいう。

ゴダールの映画を愉しめるか

大衆と美学者のことを考えてみよう。大衆たちは、一瞥しただけでは意味が分かりにくい、思想的に暗示の富んだ演劇や映画——たとえば、アルトーやベケット、そしてゴダールやトリュフォー——よりも、筋の明瞭なメロドラマや勧善懲悪譚を好む。意味が分かるから、面白いからだ。対して、美学者たちは、大衆にとっては眠いことこの上ないゴダールの映像を興味深く鑑賞することができる。

両者の鑑賞眼を分かつのは、作品の形式性への姿勢だ。大衆は内容ばかりに気を取られ、それがどんなお話なのか、ハッピーエンドに至るかどうか、といった鑑賞ポイントに終始する。反対に美学者は、内容ではなく形式性を評価することができる。言い換えれば、内容をいったん括弧にくくり、対象から距離をとることで、芸術史の系譜のなかで作品を置き直して、表現形式の新しさ、思想的メッセージ、他作家へのオマージュの連関などを読むことができる。ベケット『ゴドーを待ちながら』は、舞台上でなにが起きるというわけでもなく退屈極まるが（大衆的受容）、ニーチェ的「神の死」からつづく現代思想の流れを頭のなかで参照できるならばそれなりに考えさせられる表現だ（美学者的受容）。

この美学者的受容を支えるのが、まさに没利害的な態度である。『ディスタンクシオン』曰く、「知識人や芸術家は、「無私無欲」な姿勢および、最高の価値として広く公認されている普遍的な諸価値のすべてと固く結ばれるようにして、社会空間のなかに位置づけられている」。意味があるから、価値があるから、面白いから、という利に結びついているようでは芸術（鑑賞）家としてはまだまだ未熟。いや、それ以上に、不届き千万。真の芸術は、なにかのためなどではなく、芸術それ自体へと奉仕している。

こういったハイカラ連中の意識高い無意識の共同的態度によって、階級的で閉鎖的なサークルが形成され、芸術なるものが経済とは別次元にある純粋な営為なのだ、という神話が打ち立てられる。ゲージュツは、面白くない、が、貴重なものである。これはエンタメと呼ばれるタイプの表現が即物的な面白さを求めるのと大きな対照をなしている。

パート的であること

政治についても同様である。同じ新聞でも報道紙を好んで読む層と低俗紙を好む層には大きな断絶がある。前者には「観察者が混乱を上から見下ろして距離をとり、高みに立ち、いわば俯瞰的立場に身を置くこと」ができるが、後者にはできない。ならば、同じく、ある種の観察者になることを命じるヴェールにも特有の階級的ハードルがあるのではないか。

実際、ブルデューは晩年の著作『パスカル的省察』のなかでロールズ正義論のヴェールの思考実験には、アメリカ民主主義が慣れ親しんだ「有閑階級の学僧人《ホモ・スコラスティクス》の理念」が紛れこんでいると述べる。普遍を気どってはいるが、その実、ある文化圏の常識を絶対視して、その作法を押しつけているだけではないか、というわけだ。

けれども、この批判はアレントの注視者には的中しているかもしれないが、ロールズのヴェールには不適当だ。

アレントの注視者は騒動の全体を見渡せる広い視野をもつ。なぜそのようなことが可能なのかといえば彼らが「非党派的＝非部分的＝非当事者的 impartial」だからだ。全体のなかの部分を意味する part と、他の一群と拮抗する党派を意味する party は語源を同じくする。さらに後者は、事件や契約のさいの当事者の含意もある。パート的なものの否定が注視の振る舞いに結ばれるのは、現に起こっている騒動や事件から身を翻して、当事者から離れて、利害関係をもつ党派から離脱して、全体、即ち諸部分が統合されたものを感得できるからだ。だからこそ、そこに贔屓なしの公平性が宿る。

対して、ロールズのヴェールは、党派性、部分性、当事者性を決して否定していない。なぜならば、ロールズは、ヴェールをかけた思考実験内の主体のことを「当事者 parties」と呼ぶからだ。その視野は限定されているし、限定されていてよい。

部分の無限の仮体験

当事者であるのにフェアーな判断などできるのだろうか。できる。というのも、ロールズがいう「当事者」とは、あくまで虚構内でシミュレーションされる人生の主人公であり、アレかもしれないしコレかもしれない、というアレやコレの諸々の具体相を我が身で引き受けることになるからだ。

ロールズは当事者を複数形で描き出す。それは人間が社会的な存在者であるという条件からくるものだが、同時に、複数の人生を仮想的に生きてみる思考実験のカナメをなすものでもあるはずだ。ある党派に偏っていても、それが複数の偏りであれば、ある種の公平性へと通じていくことができる。

人生は具体的なものだ。言い換えれば、個々別々であり、それぞれが容易に一般化できない経験の厚みをそなえている。そういった特異な人生の群れに対して普遍的に妥当しうる正義の原理を構想するには、全知の神の化身のようなモデルに頼るのではなく、非力ゆえに傾き偏る多様な人生の物語をテストする必要がある。神さまの正しさに一直線に従うのではなく、できるだけたくさんのまばらなエピソードを介して普遍性に接近せねばならない。かもしれない、の想像力が貧困ならば、そこから得られる正義の原理も必然的に貧弱なものになってしまう。

アレント的注視者はパート的なものを否定するために全体を見渡す神の視線に限りなく近くなる。が、ロールズの当事者はパート的なものの集合体、いわば部分の仮体験を繰り返すことで全体に接近する。いや、全体というよりも、レヴィナスにならって無限に接近するというべきかもしれない。有限な人生の無限のシミュレーションが要請されないのならば、正義はその強度を保ちつづけることができないはずだ。

人生は重ね書きできない

全体を見渡す公平性から部分を見直す公平性へ。全体性から無限(の部分)へ。この標語がブルデュー的批判となんの関係があるのか。それは、シミュレーションで用いるさいの人生譚は美学者好みのものであってはいけないということに由来する。

美学者たちはゴダールの映画を愉しめる。なぜなら彼らは無私無欲の鑑賞態度を身につけているからだ。けれども、人生は無私無欲のものではない。様々な欲望に点火され満足や挫折を覚え、エゴイズムを発揮して反省し抑制してもなおときに失敗してしまう、それぞれがかけがえない利害関心を抱えている。人生には紆余曲折しかない。紆余曲折の人生しかない。独自のカーブを描いている。

ゴダールの映画やベケットの演劇を愉しめるのは、目の前で進んでいくお話の内容を括弧にくくって、頭のなかに蓄積された表現形式に関するアーカイブを参照することができるからだ。主人公に自らを同一化させたりするような楽しみ方を選ばない。言い換えれば、目の前の話の文脈に、その階級的サークルにおいて培われてきた文脈を重ね書きすることができる。文脈を高めることができる。けれども、一回きりの人生は重ね書きできない。二代にわたって医者として働いてきた親子も、父と子、それぞれが独立した人生の物語をつむぐ。双子ですら同じ人生を歩まない。他項を参照して初めて完成されるのではなく、内容それ自体で完結している。

文脈をいたずらに高めてはいけない、中味をただただ吟味せよ、内容がすべてだ。この低文脈的な姿勢は、まさしく大衆的受容にずっとかならうものであり、ヴェールが促すシミュレーションは誰もが妥当しうる正義を探すために低文脈的な物語を無限に渡り歩くことを命じる。

つまり、ブルデュー的批判には次のように答えることができる。卓越した知識を用いない世俗的物語を愛する大衆こそ現実にヴェールを用いる準備ができているのだ、と。ヴェール以上に階級的ハードルが低い仮面、というよりも面紗はほかにないのだ。

コンテクストからテクストへ

ロールズの「無知のヴェール」は、いったん無知になって考えてみよう、と提案することで純粋な正義をラディカルに導出しようとした。が、わざわざそんな提案を呑まずとも、現実に無知ははびこっている。

特に物語を受容するとき、それはかなりポピュラーなものとして観察できる。アノ作風からコノ作風へといった作家性の来歴を知らない、ジャンルの表現史における工夫の悪戦苦闘を知らない、政治的メッセージの隠喩のパターンを知らない、専門的な文脈を知らない……大衆は無知ゆえに物語を正直に受け取る。表層的な筋が面白いかどうかだけで判断する。ネタバレを恐れる。率直にいえば、頭が悪い仕方で物語に臨む。が、ここにおいて無知は仮想空間での提案ではなく現実に実現されている。ならば、無知の方から正義に接近する回路もありうるのではないか。

専門家なら知っているようなコンテクストを断ち切るという意味で、これを大衆のテクスト論と呼んでもいい。

平野啓一郎と池井戸潤の違い

テクスト論とは、二〇世紀に活躍したフランスの批評家ロラン・バルトが「作者の死」の標語のもと作品に宿る一義的なメッセージではなく読者の自由な解釈を肯定したことに端を発する、文化的対象に対する多様な読解方法の総称である。

テクスト論と呼ばれているものは必ずしも低文脈的なわけではない。むしろ、テクストのなかに都市や風俗のコードを重ね書き的に読み込むことで、つまりは編み込むことで、高文脈なテクストを生成することもままある。texteとは元々、織物という意味である。が、一般に常識（作家の被造物としての作品）と思われていた前提さえも崩して虚心坦懐にテクストに臨むような方法もテクスト論が育んだものだった。

たとえば、同じ小説でも、それが属す場の違いによって、作家第一的な解釈が貫徹されない場合が多々見受けられる。

分人主義者の平野啓一郎は、文芸誌『新潮』から『日蝕』でデビューし、芥川賞をとって三島由紀夫の再来と喧伝されるなど、純文学の場で活躍してきた。そのため、過去作の参照のなかでいかに連続／変化しているのか、彼がどんな思想や政治的主張をもつか、といった作家論のなかで評価されやすい。対して、通俗的小説を讃える直木賞を受賞した『何者』の作者、朝井リョウになると同じ小説であっても評価されるポイントは微妙に交代する。いや、それ以上に、エンタメ小説、ライトノベル、ウェブ小説などでは作者の名が記憶されることすら珍しい。

二〇一三年、「倍返しだ」という流行語とともに話題になったテレビドラマ『半沢直樹』の原作者は池井戸潤というが、彼がどんなパーソナリティをもっているのか、過去作はどんなものなのか、を知る人は少ない。だが、そんなことは『半沢直樹』を楽しんでいる人にとって大した問題ではないはずだ。物語が面白ければそれでいいからだ。

徹底的に頭が悪くなること

非純文学的な物語を読むとき、私たちの多くは自然にテクスト論者になっている。変に文脈を高めるのではなく、そのまま読んでいる。

このような態度は、読みのモードが異なるだけで純文学とくくられているテクスト群にも実は当てはめることができる。伝統的に深読みの流儀が強いだけで、夏目漱石の『それから』をニートの戯言集として読むことだって可能なはずだ。漱石の我執のテーマや近代文明批評など小難しいことを知らずとも読める。いわば強引にエンタメ化できる。或いは、頭の悪い読者ならば、これすら自然にこなすのかもしれない。しかし、そこに認められる率直さが複数束ねられたとき、たくさんの人生の内容だけをただただ吟味する正義のヴェールに大きな説得力を与える。

注意しておくべきは、付け焼き刃の知識や世評の色眼鏡をもつ、生半可に頭の良い／悪い読者、つまりは小賢しい読者ではなく、徹底的に頭の悪い読者でなければならない、ということだ。

正しい（と信憑された）テクニカルな解釈コードの先取りは、物語を現実の文脈のなかに囲繞し、内容が外在的な形式に拘束されることで、形式が内容自体と誤認されてしまう。ゴダールはどこをどう見てもつまらない。そして、その感想はたとえ無知ゆえのものであっても、ヴェールにとっての本願である。なぜならばヴェールとは文脈性を解除して鑑賞する力であり、いわば物語をメタレヴェル（物語の作者について、物語の製作環境について、物語がもっている現実社会への言及について）から読むことを禁じる、テクスト・オンリー（＝ハイコンテクスト立入厳禁）と記されたビギナー専用の幕だからだ。

虚構を介した自分テスト

ここまで様々なフィクションを参照してきた。『オデュッセイア』『エンジョイ』『タイガーマスク』『ピュトア』、そして『何者』。
ルポルタージュからもモデル小説からも離れた、現実に準拠しない絵空事の数々はいささか難解な思想体系でも喩えの力を通じて日常の延長線での理解を助けてくれる思考の産婆役だ。いや、それだけではない。現実から遊離した物語のなかで主人公や他の登場人物たちに自己を投影し、大きな興奮や感動を味わったり、反対にしらけやつまらなさを感じるとき、それはどうしてなのかを自問するとき、そのような仮体験を複数の虚構のなかで繰り返すことで自らを決定づけている境界線を仮想的に引き直している。引き直そうか思案している。これはヴェールがもつシミュレーションの作用と極めて近いものなのではないか。

注視者の発想はテクスト論的な読者（注読者?）にこそ活かされるべきものだ。

低文脈的な仮体験を何回も繰り返すなかで、自分なりの物語の文法ができてくる。あるタイプの物語には大きな感動を覚えるのに、別の一群にはたとえ世評が高かったとしてもつまらなさを感じてしまう。なぜこのようなことが起こるのか、自分の読解力がないためか、作品が悪いのか、評論家が無能なのか、と考えて、再び同じ物語に戻る。同じ感想の場合もあれば評価が変わることもある。

原理とされているものと自分の判断のあいだで往来していく循環を、ロールズは「反照的均衡」と呼び、正義の理論の導き方に柔軟性を取り入れた。ロールズの曖昧な説明も手伝って専門家のあいだでも解釈の分かれる概念だが、ここにあるアソビ（冗長性）は、物語を読み直し、自分をふくめた読者を眺め直し、双方を新たな文脈のもとに置き直してみる、虚構の通俗的経験のなかに翻訳されている……と考えてみたい。そのように捉えてみたとき、ペルソナは真空のなかで無／責任の点検を命じる正義のヴェールへと身近な回路を通じて交代しているのではないか。

物語を読んでつまらないと思うことは、感極まって泣いてしまうことと同じくらい大切なことだ。なぜつまらないかという問いは、つまらない話だけでなくて、面白いと持ち上げる他者たちと、つまらないと思う自分自身を問うことへと通じている。仮体験のその仮設性を約束するアソビを通じて、狭義のフィクションだけでなく空気に囲われた言葉一般に対して角度を変えて読むこと、斜めから読む道筋が開けていく。

歴史から物語へ

歴史は英語でhistoryという。ヒズ・ストーリー、だから歴史は男たちの手によって偏向的に書かれてきた、というのはフェミニズムの有名な問題提起だが、たしかに歴史は一種のストーリーでもある。だから歴史は語られるものとして、いわば歴史＝物語とでも表記すべき特徴を少なからず帯びる。事実、アレントの「歴史家」は、同時に「物語作者」とも並置できるニュアンスをふくみこんでいた。

歴史主体論争でもこの論点は無縁ではない。とりわけ加藤にとって「ねじれ」を発生させる兵士に関する物語化された二つの歴史（侵略者と英霊）を、いかに統一するかに大きな関心があった。反対に高橋は、演劇モデルを批判することで、つくりものの世界観自体に拒否感があった。高橋にとって歴史を物語として捉えることは、見直し＝歴史修正（revision）による弱者の声を歪めてかき消す不正義を認めることに等しい。

ただ、いつの世も、歴史の脇で決して歴史ならざる物語が存在してきた。架空の世界、空想の人物、彼らの一度として実現したことのない様々なコミュニケーション。これらは通常、単なる娯楽としてしかみなされていないし、おそらくそれで構わない。娯楽がもつ気楽さがあるからこそ、大胆な、ときに無責任な見直し＝物語再解釈に臨んでも誰もそれが政治的活動だと考えて、真剣な批判を差し向けることはない。勝手にすればいい、と捨てておける。

が、ここにあるような非政治性を迂回しなければ、政治はペルソナが必然的に押しつけてくる無責任に堕落し、最終的には念願としていた「誰」に出会うという己の本分さえも忘れてしまうはずだ。それは、私やあなたがどんな「何」であれ、かけがえない「誰」であるということを忘れさすものでもある。ヴェールは脱歴史的公平性だが、脱物語的公平性ではない。むしろ複数の物語を渡り歩けるところで初めて成立する。不正とは一つの物語にだけ没頭するということだ。

再びキュクロプスの国へ

私たちはオデュッセウスがウーティスの力を借りてキュクロプスを撃退した寓話から出発した。還るべきところに還ろう。退治すべきキュクロプスとはなんなのか。

キュクロプスの国は豊かな風土に恵まれ、小麦も大麦も葡萄も放っておけば自然に育っていく。だから、怪物たちは労働を必要とせず、悠々自適に暮らしていくことができる。加えて、彼らは統治の法を必要としておらず、自分たちの領域の外に出ようとしない。「他とは互いに全く無関心で暮らしている」。

こうした非コミュニカティブな性格は、彼らが航海に耐える頑丈な船や修繕を得意とする船大工をもたないことにもよく表れている。「船さえあれば大方の人間たちが船を用いて海を渡り、互いに通交する如く、あちこちの町を訪れては、たいていの用事は果せる」ものの、彼らにそんな興味はない。

キュクロプスは一つ目の怪物であった。その単眼にはノッペリとした目の前の現在しかうつらない。私たちの双眼は右目と左目の二つの異なる角度から視差を得て、脳内で立体感ある視界を構成しているが、キュクロプスの場合、単一のアングルのなかでしかこの世界を観察するほかないからだ。

坂部恵によれば、哲学者のカントは専門分野のことはなんでも知っているけれど他者からどう見えるかをまったく振り返らない専門バカのことを「一眼巨人」と呼んでいたそうだ。ここにもキュクロプスを他者不在の比喩とするような含意が認められる。思えば、ジェイムズ・ジョイスは、『オデュッセイア』を大胆に翻案した大作『ユリシーズ』第一二章で、オデュッセウスとキュクロプスとの対決を、ユダヤ人である主人公のブルームと「市民 the citizen」という渾名をもつ名物男との酒場での喧嘩話に変形させていた。国産のビールを飲む「市民」は熱烈なナショナリストで、ユダヤ人を嫌い、当然、ブルームのことも快く思っていない。「おれたちはおれたちだけで結構!」と、ブルームの言葉を断ち切るその乱暴に、キュクロプスの視野狭窄を読むことは難しくない。

楽しい無責任

それにしても、なぜ怪物を退治せねばならないのか。幸福に暮らしているのだからそっとしておいてやれ！　そうだ。むしろ余所者のオデュッセウスの方が、作法をわきまえない無法者なのではないか。郷に入っては郷に従え？　とりわけ、勝手に彼らの洞窟にずかずかと入る無作法は現代の私たちからみても考えものだ。

実際、アドルノ＆ホルクハイマーは共著『啓蒙の弁証法』において、『オデュッセイア』を西洋の啓蒙的理性が野蛮で土着的な神話的世界を蹂躙して手懐ける暴力の過程を寓意していると解釈した。この書によれば、オデュッセウスは、姑息な言葉遊びをもてあそぶことで、つまりは固有名「オデュッセウス」の音によく似た非名「ウーティス」を名乗ることで、馬鹿な野蛮人を巧みに騙している稀代の詐欺師でしかない。

しかし、まさにそのとき、『オデュッセイア』という嘘っぱちの物語に関する、新しい読みの角度が読みの行為を通じて誕生している。つまりは、批判的な読者もまた、当の解釈によって、キュクロプス退治に加担しているといわねばならない。なぜならば、キュクロプスとは一つの角度さえあれば事足りると考える充足者のことなのだから。

批評家連中が述べていることに妥当性はあるだろうか、自分の物語経験にとってどうだろうか。さらに問うのならば私たちもまたオデュッセウス一行の仲間入りだ。

キュクロプスに呑み込まれてはいけない。怪物退治がヴェールの正義に通じているから、というお説教はもうしない。端的にそれは楽しいからだ。自国の葡萄酒で舌の肥えたキュクロプスを酔わせたのはオデュッセウスが船に積んだ外国産の逸品だった。一つの角度ではなく角度の差を経験することで、物語世界の見え方は大きくさまがわりする。現実世界は往々にして急変してもらっては困る諸々の事情に縛られている。その解釈もだから必然、大きな政治的闘争に直結してしまう。が、物語はそうではない。どのように読み解こうが、たとえそれが誤読だろうが、無責任に遊びながらテストすることができる。

むしろ、キュクロプスを呑み込まなければならない。一つの角度でもう満足だと自称する者に、こっちの方がもっと楽しいのだといって、怪物の眼（角度）を増やす責任が楽しい無責任にはある。

無責任なアソビが率直に楽しいと感じられるとき、自分が絶対的に医者であったり教師であったりするわけではないことに気づき、それと同じように、目の前の他者が絶対的にフリーターであったり就活生であったりするわけではないことにも気づく。無責任は責任を自問する責任という二重化した責任の、その二重性を支える間の距離を切り拓く。

おそらくは「無責任の体系」を断ち切る快刀乱麻は諦めねばならない。断ち切ったと思った瞬間、強く体系化されているのが人間の無責任なのだから。むしろ断ち切ると同時に縫い合わせを始める匿名性の弥縫策だけが最悪を回避できる。誰でもないということは何にでもなれるという楽しさを帯びた可能性の連帯でもある。

もはや次のように述べていいだろう。きみはウーティスと言わねばならない。

参考文献

＊本文で直接言及しなかったものは〔　〕でくくった。

《序》

・〔柄谷行人『倫理21』、平凡社ライブラリー、二〇〇三年（単行本は二〇〇〇年）〕。
・北田暁大『責任と正義――リベラリズムの居場所』、勁草書房、二〇〇三年、三九～四〇頁、六四頁。
・楜澤厚生『〈無人《ウーティス》〉の誕生』、影書房、一九八九年、二二頁、七〇頁。
・〔杉田敦「丸山眞男のアクチュアリティ」、『現代思想』八月臨時増刊号、二〇一四年〕。
・ホメロス『オデュッセイア』上巻、松平千秋訳、岩波文庫、一九九四年、二三四～二三九頁、訳文変更あり。
・丸山眞男『日本の思想』、岩波新書、一九六一年、三九頁、四三頁。
・丸山眞男「軍国支配者の精神形態」、『超国家主義の論理と心理』収、古矢旬編、岩波文庫、二〇一五年（初出は一九四九年）、一八〇頁。

《第一章》

・青木保『「日本文化論」の変容――戦後日本の文化とアイデンティティー』、中公文庫、一九九九年（単行本は一九九〇年）。
・赤木智弘『若者を見殺しにする国』、朝日文庫、二〇一一年（単行本は二〇〇七年）、一五六頁、二一〇頁。
・阿部謹也『「世間」とは何か』、講談社現代新書、一九九五年、三〇頁。
・阿部昌樹「「自己責任」の法社会学」、『法学セミナー』九月号、二〇〇一年、三八頁。

・小谷野敦『日本文化論のインチキ』、幻冬舎新書、二〇一〇年。
・桜井哲夫『〈自己責任〉とは何か』、講談社現代新書、一九九八年、一一四頁。
・鈴木健『なめらかな社会とその敵――PICSY・分人民主主義・構成的社会契約論』、勁草書房、二〇一三年、二九頁、四三頁、二二四頁、二五四頁。
〔瀧川裕英「「自己決定」と「自己責任」の間――法哲学的考察」、『法学セミナー』九月号、二〇〇一年〕。
・平野啓一郎『私とは何か――「個人」から「分人」へ』、講談社現代新書、二〇一二年、九八頁、一六二～一六四頁。
〔船曳建夫『「日本人論」再考』、講談社学術文庫、二〇一〇年（単行本は二〇〇三年）〕。
・山本七平『「空気」の研究』、文春文庫、一九八三年（単行本は一九七七年）、三三頁。

《第二章》

・赤木智弘『若者を見殺しにする国』、前掲、一五四頁、二一〇頁。
・岡田利規『エンジョイ・アワー・フリータイム』、白水社、二〇一〇年、一六〇～一六一頁。
〔岡田利規＋杉田俊介「僕たちにとって貧困とは何か」、『すばる』一一月号、二〇一〇年〕。

〔木村敏『人と人との間――精神病理学的日本論』、弘文堂、一九七二年〕。

〔小坂井敏晶『責任という虚構』、東京大学出版会、二〇〇八年〕。
・作田啓一『恥の文化再考』、筑摩書房、一九六七年、一二頁。
〔杉田俊介『フリーターにとって「自由」とは何か』、人文書院、二〇〇五年〕。
・中根千枝『タテ社会の人間関係――単一社会の理論』、講談社現代新書、一九六七年。

・仲正昌樹「自己決定と自己責任」、『一冊の本』八月号、二〇〇八年、五六頁。
・浜口恵俊『「日本らしさ」の再発見』、講談社学術文庫、一九八八年（単行本は一九七七年）、三三〇頁、三三八頁。
・浜口恵俊『間人主義の社会　日本』、東洋経済新報社、一九八二年。
・ベネディクト、ルース『菊と刀――日本文化の型』、長谷川松治訳、講談社学術文庫、二〇〇五年（原著は一九四六年）、二七二～二七三頁。
・ホール、エドワード・T『文化を超えて』、岩田慶治＋谷泰訳、TBSブリタニカ、一九七九年（原著は一九七六年）、一〇二頁。
・山崎正和『柔らかい個人主義の誕生――消費社会の美学』、中公文庫、一九八七年（単行本は一九八四年）。
・山本七平『「空気」の研究』、前掲、一一二頁、一六九頁、一七二頁。
・和辻哲郎『倫理学』第一巻、岩波文庫、二〇〇七年（単行本は一九三七年）、七八頁、一三八～九頁、二二一頁。

《第三章》

・アレント、ハンナ『人間の条件』、志水速雄訳、ちくま学芸文庫、一九九四年（原著は一九五八年）、二九一～二九二頁、二九六～二九七頁、三〇四頁、三二〇頁、訳文変更あり。
・アレント、ハンナ『革命について』、志水速雄訳、ちくま学芸文庫、一九九五年（原著は一九六三年）、一五八～一五九頁。
・アレント、ハンナ「ソニング賞受賞スピーチ」、『責任と判断』収、ジェローム・コーン編、中山元訳、ちくま学芸文庫、二〇一六年（原著は二〇〇三年）、二四頁、訳文変更あり。

・宇都宮芳明「人間の『間』と倫理」、『倫理学のすすめ』収、佐藤俊夫編、筑摩書房、一九七〇年、一三五頁。
・梶原一騎＋辻なおき『タイガーマスク』第七巻、講談社漫画文庫、二〇〇一年、一九頁。
（熊野純彦『和辻哲郎――文人哲学者の軌跡』、岩波新書、二〇〇九年）。
・斎藤純一「表象の政治／現われの政治」、『現代思想』七月号、一九九七年、一六三頁、一七〇～一七一頁。
（斎藤環『キャラクター精神分析――マンガ・文学・日本人』、ちくま文庫、二〇一四年（単行本は二〇一一年））。
・宮川敬之『和辻哲郎――人格から間柄へ』、講談社学術文庫、二〇一五年（単行本は二〇〇八年）。
（湯浅泰雄『和辻哲郎――近代日本哲学の運命』、ちくま学芸文庫、一九九五年（単行本は一九八一年））。
・和辻哲郎「面とペルソナ」、『和辻哲郎随筆集』収、坂部恵編、岩波文庫、一九九五年（初出は一九三五年）、二六～二八頁。
・和辻哲郎『倫理学』第一巻、前掲、七八頁、二二一頁。

《第四章》

・アレント、ハンナ『人間の条件』、前掲、三一〇頁、三一二頁、訳文変更あり。
・アレント、ハンナ『革命について』、前掲、一五八頁、訳文変更あり。
・アレント、ハンナ「独裁体制のもとでの個人の責任」、『責任と判断』収、前掲、五三頁。
・アレント、ハンナ『イェルサレムのアイヒマン――悪の陳腐さについての報告』、大久保和郎訳、みすず書房、一九六九年（原著は一九五六年）、一八〇頁。
・アレント、ハンナ『完訳 カント政治哲学講義録』、ロナルド・ベイナー編、仲正昌樹訳、明月堂書店、二〇〇九年（原著は一九八二年）、一一四頁、二三八頁、訳文変更あり。

・伊東祐吏『戦後論――日本人に戦争をした「当事者意識」はあるのか』、平凡社、二〇一〇年。
・大庭健『「責任」ってなに?』、講談社現代新書、二〇〇五年。
・加藤典洋＋赤坂憲雄「3百万の死者から2千万の死者へ――戦後に死者を弔うしかた」、『思想の科学』八月号、一九九四年。
・加藤典洋＋西谷修「世界戦争のトラウマと「日本人」」、『世界』八月号、一九九五年。
・加藤典洋『敗戦後論』、ちくま学芸文庫、二〇一五年(単行本は一九九七年)、六一頁、六三頁、二四八頁、二六五頁、二六九頁。
・加藤典洋『戦後的思考』、講談社文芸文庫、二〇一六年(単行本は一九九九年)、二八四頁。
・斎藤純一「死者への哀悼/経験の声―加藤典洋『敗戦後論』に触れて」、『みすず』一一月号、一九九七年。
・坂部恵『仮面の解釈学』、東京大学出版会、一九七六年、一七頁。
・シュッツ、アルフレッド『社会的世界の意味構成――理解社会学入門』、佐藤嘉一訳、木鐸社、二〇〇六年(原著は一九三二年)、二九六頁、三三〇頁。
・シュッツ、アルフレッド＋ルックマン、トーマス『生活世界の構造』、那須壽監訳、ちくま学芸文庫、二〇一五年(原著は二〇〇三年)。
・絓秀実「その「許し」に安堵するのは誰か」、『早稲田文学』三月号、一九九八年。
・高橋哲哉＋西谷修＋浅田彰＋柄谷行人「責任と主体をめぐって」、『批評空間』四月号、一九九七年。
・高橋哲哉＋岩崎稔「「物語」の廃墟から」、『現代思想』七月号、一九九七年。
・高橋哲哉『戦後責任論』、講談社学術文庫、二〇〇五年(単行本は一九九九年)、二一七頁、二二八頁。
・高橋哲哉『記憶のエチカ――戦争・哲学・アウシュヴィッツ』、岩波書店、一九九五年、一三～一四頁、七〇頁、一四六頁。
・ホール、エドワード・T『文化を超えて』、前掲、一〇八頁。
・〔丸川哲史「『敗戦後論』読後感想文」、『早稲田文学』三月号、一九九八年〕。
・山本七平『「空気」の研究』、前掲、一六一〜一六二頁。

《第五章》

・東浩紀『一般意志2・0——ルソー、フロイト、グーグル』、講談社文庫、二〇一五年（単行本は二〇一一年）、九三頁。
・〔東浩紀＋加藤典洋「私と公、文学と政治について」、『群像』一一月号、二〇一七年〕。
・安藤馨『統治と功利——功利主義リベラリズムの擁護』、勁草書房、二〇〇七年、二七八頁、二九三頁。
・〔安藤馨「統治と功利——人格亡きあとのリベラリズム」、『創文』一・二月号、二〇〇七年〕。
・稲葉振一郎『「公共性」論』、NTT出版、二〇〇八年、一九八頁。
・ヴォルテール『カンディード』、吉村正一郎訳、岩波文庫、一九五六年（原著一七五九年）一七二頁、訳文変更あり。
・大屋雄裕『自由か、さもなくば幸福か？——二一世紀の〈あり得べき社会〉を問う』、筑摩書房、二〇一四年、一九六頁。
・佐藤卓己『輿論と世論——日本的民意の系譜学』、新潮社、二〇〇八年、二六頁。
・清水幾太郎『流言蜚語』、ちくま学芸文庫、二〇一一年（単行本は一九三七年）、一四頁、一〇一頁、一〇九頁。
・清水幾太郎「現実の再建」、『清水幾太郎著作集』第六巻、講談社、一九九二年（初出は一九四三年）、三一五頁。

・清水幾太郎「匿名の思想」、『清水幾太郎著作集』第八巻、講談社、一九九二年（初出は一九四八年）、二〇八〜二〇九頁、二一六頁。
・清水幾太郎『私の読書と人生』、『清水幾太郎著作集』第六巻、講談社、一九九二年（単行本は一九四九年）、四五五頁。
・清水幾太郎「庶民」、『清水幾太郎著作集』第八巻、講談社、一九九二年（初出は一九五〇年）、二八九頁、二九八〜二九九頁。
・清水幾太郎『私の心の遍歴』、『清水幾太郎著作集』第一〇巻、講談社、一九九二年（単行本は一九五六年）、三八七頁。
・〔シャンクス、ルイス・P『アナトオル・フランス伝』、内山敏訳、梁塵社、一九四三年（原著は一九三二年）〕。
・〔竹内洋『清水幾太郎の覇権と忘却―メディアと知識人』、中公文庫、二〇一八年（単行本は二〇一二年）〕。
・フランス、アナトール『聖母と軽業師』、大井征訳、岩波文庫、一九三四年（初出は一九〇四年）、七九頁、訳文変更あり。
・フランス、アナトール『エピクロスの園』、大塚幸男訳、岩波文庫、一九七四年（原著は一八九五年）、五二頁。
・柳田国男「昔話と伝説と神話」、『「小さきもの」の思想』収、柄谷行人編、文春学藝ライブラリー、二〇一四年（初出は一九三五年）、三三八頁、三四三頁。
・吉本隆明『自立の思想的拠点』、徳間書店、一九六六年、一〇六頁。
・レッシグ、ローレンス『CODE――インターネットの合法・違法・プライバシー』、山形浩生訳、翔泳社、二〇〇一年（原著は一九九九年）。

《第六章》

・アレント、ハンナ『全体主義の起原』第三巻、大久保和郎＋大島かおり訳、みすず書房、一九七四年（原著は一九五一年）、四五頁、訳文変更あり。
・稲葉振一郎『「公共性」論』、前掲、三一二頁。
・井上達夫『他者への自由――公共性の哲学としてのリベラリズム』、創文社、一九九九年、二二七〜二二九頁。
・内田樹『ためらいの倫理学』、角川文庫、二〇〇三年（単行本は二〇〇一年）、一〇〇頁、一二三〜一二五頁。
・エスポジト、ロベルト『三人称の哲学――生の政治と非人称の思想』、岡田温司監訳、講談社、二〇一一年、一九七頁、二〇〇頁。
・大澤真幸『恋愛の不可能性について』、ちくま学芸文庫、二〇〇五年（単行本は一九九八年）、一〇六頁。
・梶原一騎＋辻なおき『タイガーマスク』第六巻、前掲、四一三頁。
・加藤典洋『敗戦後論』、前掲、一二〇頁。
・清水幾太郎『流言蜚語』、前掲、一五〇頁。
・高橋哲哉『戦後責任論』、前掲、三〇頁。
・高橋哲哉『デリダ――脱構築と正義』、講談社学術文庫、二〇一五年（単行本は一九九八年）、二三六頁。
・武田砂鉄『日本の気配』、晶文社、二〇一八年、四頁。
・〔松葉類「レヴィナスによる二つの第三者論――「眼差しの中の第三者」と「隣人の隣人」」、『宗教学研究室紀要』第一二号、京都大学文学研究科宗教学専修、二〇一五年〕。
・レヴィナス、エマニュエル「ある」、『レヴィナス・コレクション』収、合田正人編訳、ちくま学芸文庫、一九九九年（初出は一九四六年）、二一五頁。

・レヴィナス、エマニュエル『全体性と無限』下巻、熊野純彦訳、岩波文庫、二〇〇六年（原著は一九六一年）、七三～七四頁、一八二頁。訳文変更あり。
・レヴィナス、エマニュエル＋ポワリエ、フランソワ『暴力と聖性——レヴィナスは語る』、内田樹訳、国文社、一九九一年（原著は一九八七年）、一六〇頁。
・レヴィナス、エマニュエル『存在の彼方へ』、合田正人訳、講談社学術文庫、一九九九年（原著は一九七四年）、四五頁、三四〇頁、三五九～三六〇頁。
・レヴィナス、エマニュエル『倫理と無限——フィリップ・ネモとの対話』、西山雄二訳、ちくま学芸文庫、二〇一〇年（原著は一九八二年）、五九頁。

《第七章》

・朝井リョウ『何者』、新潮文庫、二〇一五年（単行本は二〇一二年）、七頁、三〇五頁、三〇八頁、三一〇頁、三一五～三一六頁、三二〇頁。
・合田正人『レヴィナスを読む——〈異常な日常〉の思想』、ちくま学芸文庫、二〇一一年（単行本は一九九九年）、二〇六頁。
・佐藤真理恵『仮象のオリュンポス——古代ギリシアにおけるプロソポンの概念とイメージ変奏』、月曜社、二〇一八年、一〇頁。
・サンデル、マイケル『リベラリズムと正義の限界』、菊池理夫訳、勁草書房、二〇〇九年（第二版原著一九九八年）、六七頁。
・〔サンデル、マイケル『民主政の不満——公共哲学を求めるアメリカ』上巻、金原恭子＋小林正弥訳、勁草書房、二〇一〇年〔原著は一九九六年〕〕。

・〔盛山和夫『リベラリズムとは何か――ロールズと正義の論理』、勁草書房、二〇〇六年〕。

・レヴィナス、エマニュエル『存在の彼方へ』、前掲、一四四頁、三一〇頁、四三八頁。

・レヴィナス、エマニュエル『倫理と無限』、前掲、一二五頁。

・〔ローティ、リチャード『連帯と自由の哲学――二元論の幻想を超えて』、冨田恭彦訳、岩波書店、一九八八年〕。

・ロールズ、ジョン『正義論 改訂版』、川本隆史＋福間聡＋神島裕子訳、紀伊國屋書店、二〇一〇年〔改訂版原著は一九九九年〕、一八頁、二九頁、一七二頁、一八六頁、一九五頁、二四九頁、訳文変更あり。

・〔渡辺幹雄『ロールズ正義論の行方――その全体系の批判的考察〔増補新装版〕』、春秋社、二〇〇〇年〕。

・〔渡辺幹雄『ロールズ正義論とその周辺――コミュニタリアニズム、共和主義、ポストモダニズム』、春秋社、二〇〇七年〕。

《第八章》

・アドルノ、テオドール＋ホルクハイマー、マックス『啓蒙の弁証法』、徳永恂訳、岩波文庫、二〇〇七年〔原著は一九四七年〕、一四〇～一四一頁。

・〔荒木優太「うるわしきリベラリズム」、『すばる』八月号、二〇一八年〕。

・アレント、ハンナ『完訳 カント政治哲学講義録』、前掲、一〇一頁、一〇三頁。

・坂部恵『理性の不安――カント哲学の生成と構造』、勁草書房、一九七六年、一七八頁。

・ジョイス、ジェイムズ『ユリシーズ』第二巻、丸谷才一＋永川玲二＋高松雄一訳、集英社、一九九六年〔原著は一九二二年〕、一三八頁、一四五頁。

・〔スティグレール、ベルナール『象徴の貧困』、ガブリエル・メランベルジェ＋メランベルジェ眞紀訳、新評論、二〇〇六年（原著は二〇〇四年）〕。
・〔野家啓一『物語の哲学』、岩波現代文庫、二〇〇五年（単行本は一九九六年）〕。
・バルト、ロラン「作者の死」、『物語の構造分析』収、花輪光訳、みすず書房、一九七九年（初出は一九六八年）、八九頁。
・ブルデュー、ピエール『ディスタンクシオン』第一巻、石井洋二郎訳、藤原書店、一九九〇年（第二版原著は一九八二年）、五三頁、五七頁。
・ブルデュー、ピエール『ディスタンクシオン』第二巻、石井洋二郎訳、藤原書店、一九九〇年（第二版原著は一九八二年）、九五頁、三〇七頁。
・ブルデュー、ピエール『パスカル的省察』、加藤晴久訳、藤原書店、二〇〇九年（原著は一九九七年）、一三三頁、訳文変更あり。
・ホメロス『オデュッセイア』、前掲、二二三〜二二四頁。

あとがき

街を歩いていると、大きなマスクをかけている通行人と擦れ違う機会がずいぶん増えた。風邪でないことは勿論のこと、花粉症ですらなく、どうやら単に顔を衆人に晒したくないという理由でそのようにしているらしい。そんなニュース記事を斜め読みしたとき、妙に合点がいったことをよく覚えている。

ちょうど同じころ、インターネット上に変名で投稿されていた18禁小説——具体的にいえば二次創作BLと呼ばれるアニメの男性キャラクター同士の関係性を独創的に発展させて性的なまぐわいを楽しむ小説——が、有害情報のフィルタリングに関する研究論文の例示として取り上げられ、主に非難の反応からネット上で大きく炎上した、という小さな事件が起こっていた。プライベートな趣味を晒しものにするなんて！　取り上げられたいくつかの小説は非公開設定になったという。二〇一七年五月あたりの騒動だ。

誰もが見れるような公開設定の、しかも変名で発表されたテクストを、学術論文の作法にのっとって引用されたぐらいでなにをそんなに騒いでいるのか、といぶかしく思いつつ、他方でアレントの公的領域と私的領域の分割が彼女が考えていた以上に上手くいかないことを真剣に考える必要が出てきたと思った。

アレントは、人間ならば誰しも、かけがえない仕方で自分が人々の前に現れることを欲すると考えていた思想家だ。人間は人前に出たい(出るべき)生き物である、と。けれども、実際は、人間は常に人間的に生きていないし、人間的に生きることを欲しているのでもない。だから「現れの空間」は、簡単に、晒されの空間にもなりえてしまう。

表舞台に立たないことを非難しても仕方がない。そもそも表舞台は裏方や楽屋があって初めて成り立つものだ。個々人の様々な私生活や趣味事が流出することで顕著になった現象ではあるが、とはいえそこにあるのは決してインターネットの闇などではなく、原理的には公共性と呼ばれる概念に対してずっと問われてきたことのはずだ。人見知りとコミュ障はいつだってどこにだっているものだし、時と場合によっては誰だって人見知りとコミュ障になっている。

※

元々の構想は、二〇一五年一月二〇日、二人の日本人が「イスラム国」のテロリストに捕まり、身代金を払わなければ人質を殺すと脅迫しているYouTubeに投稿された映像を見たことに端を発する。荒野のような背景のもと、人質はオレンジ色の服を着て後ろ手に縛られ、黒づくめの衣装の男からナイフを向けられていた。

対照的なのは、人質の二人がまっすぐカメラを向いて自分の顔を晒して（晒されて）いるのに対し、テロリストの方は、いや当然ではあるが、わずかに目だけ露出させて、あとは頭全体を黒衣でつつんだ完全な匿名者たろうとしていたことだ。

この動画を見ながらつくづく感じたのは、こんな世界のなかで、わざわざいまロールズのヴェールなどをかぶろうとする者がいるとしたら、そいつは相当の愚か者だ、ということだった。ヴェールなんぞをかぶれば自分の視界が制限されるくせに、目だけのテロリストからは勿論のこと、仮面をつけた有象無象の他者たちからは無防備なまでに丸見えで、どうぞ攻撃してくださいといわんばかり。危なっかしいことこの上ない。

社会学の用語で攻撃誘発性《ヴァルネラビリティ》＝傷つきやすさは、サンドバッグ効果を意味するものとしてよく知られている。弱々しくなよなよしている様を見ていると、なぜかそれを虐めたり潰したり壊したりしたくなる心理作用だ――ちなみに、「傷つきやすさ」も「人質」もレヴィナスの重要なキーワードでもある——。ヴェールの間抜けはさしずめ現代の袋叩きとして転がっておけばよく、そんな損な役回りに回らないよう、通行人はテロリストのコスプレをするように顔を隠しているのかもしれない……というのは、あまりに意地悪な評言か。

誰もヴェールなどかぶりたくない。が、それでもヴェールなしで本当にいいのだろうか。道徳的なよしあしを問うているのではない。外からは間抜けに見えても、無くなってしまえば途端に困ってしまう匿名性があるはずだ。テロリストとは別の仕方で匿名になりたいとこいねがうときが現実に存在し、そしてまたそれ以上に、匿名にならなければいけないときがあるはずだ。18禁小説事件が発生したのは、そんなことを漠然と考えていたおりだった。これで完成させることができる、と直感した。

この本は、自分に自信がない人に向けて書かれている。授業や会議で変なことを口走っていると思われやしないかと心配して上手く発言できずに欲求不満をつのらせたことのある人に向けて書かれている。実際に言われたことはないのにみんな陰で自分の悪口を言っていると思って苦しんだ経験をもつ人に向けて書かれている。写真を撮るたびに、それインターネットに載せないでね、と言って回る人に向けて書かれている。

説教臭くしたつもりはないが、果たしてどうだろうか。反発もふくめて色々なことを考えてくれたら嬉しい。

※

本書は、二〇一六年一二月から二〇一八年一〇月まで晶文社のウェブサイト「晶文社スクラップブック」で連載していた「きみはウーティスと言わねばならない」（全二三回）を大きく書き直したものである。

ロールズに関する評論文で小さな賞をもらってデビュー（？）した私にとって、ヴェールの大胆な文学的再解釈は頭の片隅にずっとあったものだったのだが、連載のお話をいい機会としてこのようなかたちでトライさせてもらった。

改めて要約しておけば、本書のメッセージは単純で、第一に物語を読むことは素晴らしく、第二にたくさんの物語を読むことはさらに素晴らしく、第三にたくさん読むのと同じくらい何度も読み直すことが素晴らしい、ということだ。いつも身勝手に近代文学のテクストを読み替え、教科書通りに本を読まないことに特有の快楽を覚える天邪鬼の自分を単に自画自賛しているだけか、と一瞬反省して苦笑しないでもなかったが、それでも、いつも自分がなにをやっているのか、やっと言語化できたような清々しさを感じている。

また本書は、アカデミズムの場からは軽薄にみなされがちなジャーナリズム（出版文化）のなかで消費されてきた様々な知をかなり意識的に復活させ、自由闊達に結び合わせようとしたものでもある。専門知からすれば出版文化は誇張と歪曲が氾濫する猥雑な場でしかなく、本書ももしかしたらその誹りを免れないかもしれないが、アレントの専門家でもなければ、勿論レヴィナスやロールズに関しても単なる門外漢でしかない私が、それでもなおできることを考えたとき、その軽さ自体を財産として捉えるにはどういった視角をつくればいいか、という課題に行き当たった――ちなみに、だからこそ参考文献は一般書店でも入手しやすい文庫版をできるだけ選んだ、興味のある文献があったらぜひ実際に読んでみてほしい――。

いうまでもなく文責は荒木個人にある。

最後に謝辞を。いくつかの参考文献に関して法哲学者の吉良貴之さんに示唆をもらった。また、編集は連載から引き続いて安藤聡さんに担当してもらった。どうもありがとうございました。

二〇一八年一二月二四日

著者について

荒木優太（あらき・ゆうた）

1987年東京生まれ。在野研究者（専門は有島武郎）。明治大学文学部文学科日本文学専攻博士前期課程修了。Web媒体を中心に、日本近代文学関連の批評・研究を発表している。2015年、「反偶然の共生空間——愛と正義のジョン・ロールズ」が第59回群像新人評論賞優秀作となる。著書に、『これからのエリック・ホッファーのために——在野研究者の生と心得』（東京書籍）、『貧しい出版者——政治と文学の紙の屑』（フィルムアート社）、『仮説的偶然文学論——〈触れ-合うこと〉の主題系』（月曜社）などがある。

無責任《むせきにん》の新体系《しんたいけい》——きみはウーティスと言わねばならない

2019年2月15日　初版

著者　荒木優太

発行者　株式会社晶文社
東京都千代田区神田神保町1-11　〒101-0051
電話　03-3518-4940（代表）・4942（編集）
URL http://www.shobunsha.co.jp

印刷・製本　株式会社太平印刷社

ISBN978-4-7949-7076-3 Printed in Japan